W0328350

Religión Católica 1º ESO inspira

ANDALUCÍA

AUTORES

Antonio Ricardo Alonso Amez

Sergio Callejo Muñoz

Ana Isabel Gómez Villalba

Luis Alfonso Ruiz Hurtado

Carlos Sánchez Camacho

Texto aprobado por la Conferencia Episcopal Española con fecha 2 de abril de 2020

EDELVIVES

ASÍ ES ESTE LIBRO
INSPIRA

Este libro es solo una herramienta, pero el verdadero **protagonista** de tu aprendizaje vas a ser tú. No solo aprenderás contenidos, sino que queremos ofrecerte claves inspiradoras para tu vida. Te invitamos a **vivir una experiencia.** ¿Estás dispuesto a comenzar el camino?

FORTALEZA PERSONAL

Descubrirás diferentes **fortalezas personales** que, iluminadas a la luz de la Palabra, te ayudarán a afrontar tu día a día y, con ello, a mejorar la realidad que te rodea.

En cada fortaleza te proponemos un reto en el que descubrirás claves para entrenarte, capacitarte y para que puedas crecer. ¿Te atreves? No dudes que en la medida que trabajes tus fortalezas serás una persona **más feliz**, más plena y más llena de sentido.

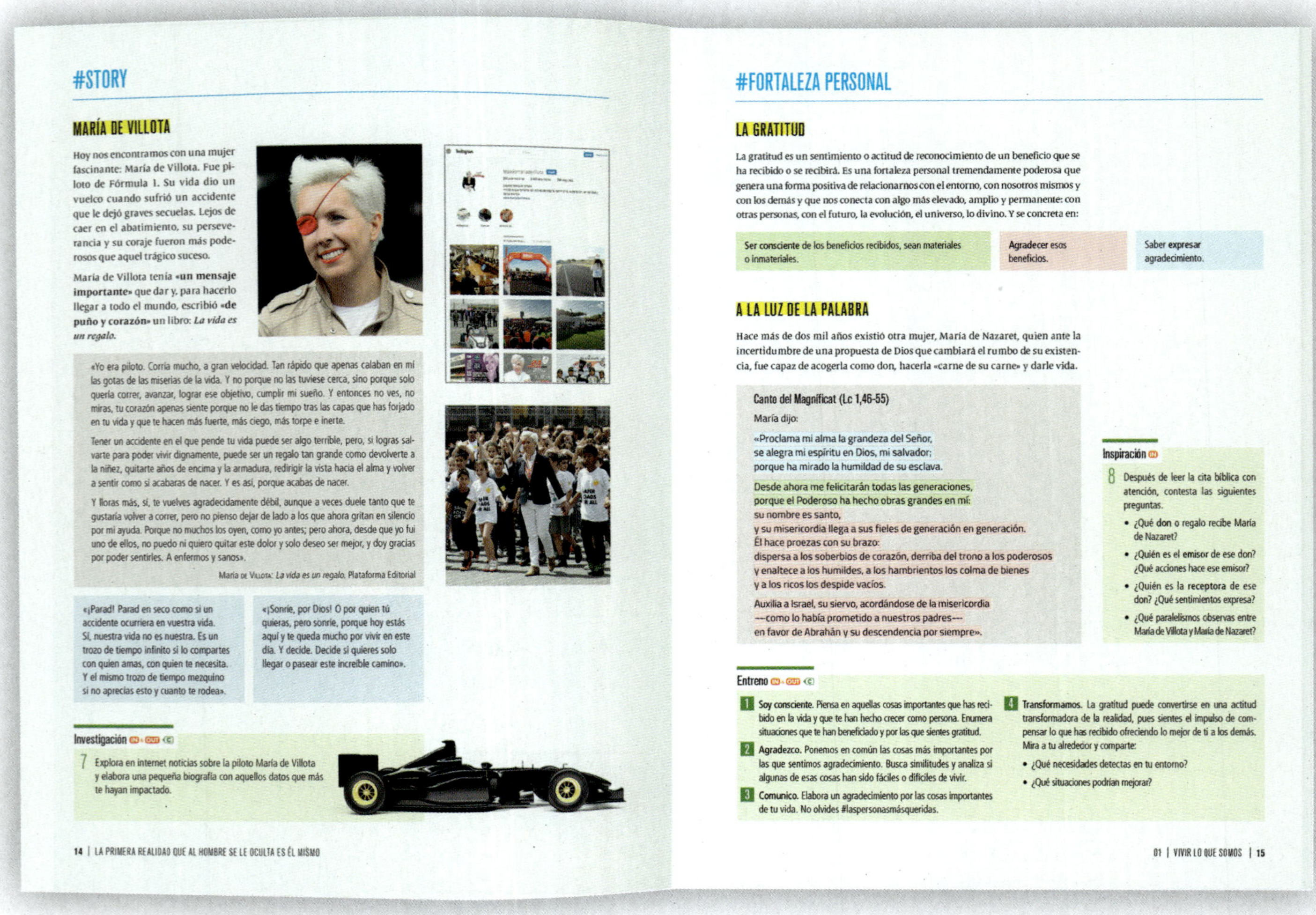

#STORY

MARÍA DE VILLOTA

Hoy nos encontramos con una mujer fascinante: María de Villota. Fue piloto de Fórmula 1. Su vida dio un vuelco cuando sufrió un accidente que le dejó graves secuelas. Lejos de caer en el abatimiento, su perseverancia y su coraje fueron más poderosos que aquel trágico suceso.

María de Villota tenía **«un mensaje importante»** que dar y, para hacerlo llegar a todo el mundo, escribió **«de puño y corazón»** un libro: ***La vida es un regalo.***

«Yo era piloto. Corría mucho, a gran velocidad. Tan rápido que apenas calaban en mí las gotas de las miserias de la vida. Y no porque no las tuviese cerca, sino porque solo quería correr, avanzar, lograr ese objetivo, cumplir mi sueño. Y entonces no ves, no miras, tu corazón apenas siente porque no le das tiempo tras las capas que has forjado en tu vida y que te hacen más fuerte, más ciego, más torpe e inerte.

Tener un accidente en el que pende tu vida puede ser algo terrible, pero, si logras salvarte para poder vivir dignamente, puede ser un regalo tan grande como devolverte a la niñez, quitarte años de encima y la armadura, redirigir la vista hacia el alma y volver a sentir como si acabaras de nacer. Y es así, porque acabas de nacer.

Y lloras más, sí, te vuelves agradecidamente débil, aunque a veces duele tanto que te gustaría volver a correr, pero no pienso dejar de lado a los que ahora gritan en silencio por mi ayuda. Porque no muchos los oyen, como yo antes; pero ahora, desde que yo fui uno de ellos, no puedo ni quiero quitar este dolor y solo deseo ser mejor, y doy gracias por poder sentirles. A enfermos y sanos».

María de Villota: *La vida es un regalo.* Plataforma Editorial

«¡Parad! Parad en seco como si un accidente ocurriera en vuestra vida. Sí, nuestra vida no es nuestra. Es un trozo de tiempo infinito si lo compartes con quien amas, con quien te necesita. Y el mismo trozo de tiempo mezquino si no aprecias esto y cuanto te rodea».

«¡Sonríe, por Dios! O por quien tú quieras, pero sonríe, porque hoy estás aquí y te queda mucho por vivir en este día. Y decide. Decide si quieres solo llegar o pasear este increíble camino».

Investigación IN · OUT C

7 Explora en internet noticias sobre la piloto María de Villota y elabora una pequeña biografía con aquellos datos que más te hayan impactado.

14 | LA PRIMERA REALIDAD QUE AL HOMBRE SE LE OCULTA ES ÉL MISMO

#FORTALEZA PERSONAL

LA GRATITUD

La gratitud es un sentimiento o actitud de reconocimiento de un beneficio que se ha recibido o se recibirá. Es una fortaleza personal tremendamente poderosa que genera una forma positiva de relacionarnos con el entorno, con nosotros mismos y con los demás y que nos conecta con algo más elevado, amplio y permanente: con otras personas, con el futuro, la evolución, el universo, lo divino. Y se concreta en:

Ser consciente de los beneficios recibidos, sean materiales o inmateriales.

Agradecer esos beneficios.

Saber **expresar** agradecimiento.

A LA LUZ DE LA PALABRA

Hace más de dos mil años existió otra mujer, María de Nazaret, quien ante la incertidumbre de una propuesta de Dios que cambiará el rumbo de su existencia, fue capaz de acogerla como don, hacerla «carne de su carne» y darle vida.

Canto del Magníficat (Lc 1,46-55)

María dijo:

«Proclama mi alma la grandeza del Señor,
se alegra mi espíritu en Dios, mi salvador;
porque ha mirado la humildad de su esclava.

Desde ahora me felicitarán todas las generaciones,
porque el Poderoso ha hecho obras grandes en mí:
su nombre es santo,
y su misericordia llega a sus fieles de generación en generación.
Él hace proezas con su brazo:
dispersa a los soberbios de corazón, derriba del trono a los poderosos
y enaltece a los humildes, a los hambrientos los colma de bienes
y a los ricos los despide vacíos.

Auxilia a Israel, su siervo, acordándose de la misericordia
—como lo había prometido a nuestros padres—
en favor de Abrahán y su descendencia por siempre».

Inspiración IN

8 Después de leer la cita bíblica con atención, contesta las siguientes preguntas.

- ¿Qué **don** o regalo recibe María de Nazaret?
- ¿Quién es el **emisor** de ese don? ¿Qué acciones hace ese emisor?
- ¿Quién es la **receptora** de ese don? ¿Qué sentimientos expresa?
- ¿Qué paralelismos observas entre María de Villota y María de Nazaret?

Entreno IN · OUT C

1 **Soy consciente.** Piensa en aquellas cosas importantes que has recibido en la vida y que te han hecho crecer como persona. Enumera situaciones que te han beneficiado y por las que sientes gratitud.

2 **Agradezco.** Ponemos en común las cosas más importantes por las que sentimos agradecimiento. Busca similitudes y analiza si algunas de esas cosas han sido fáciles o difíciles de vivir.

3 **Comunico.** Elabora un agradecimiento por las cosas importantes de tu vida. No olvides #laspersonasmásqueridas.

4 **Transformamos.** La gratitud puede convertirse en una actitud transformadora de la realidad, pues sientes el impulso de compensar lo que has recibido ofreciendo lo mejor de ti a los demás. Mira a tu alrededor y comparte:

- ¿Qué necesidades detectas en tu entorno?
- ¿Qué situaciones podrían mejorar?

01 | VIVIR LO QUE SOMOS | 15

Como ciudadano del siglo XXI tienes el derecho de **mejorar el mundo**, porque cuando das lo que eres, tu entorno mejora. Habrá muchos momentos para reflexionar con tus compañeros, para compartir experiencias y sentimientos, para aprender y construir juntos.

En este libro te encontrarás herramientas de capacitación **muy sugerentes y diseñadas para ti**, elementos que te ayudarán en tu experiencia de aprendizaje.

- Puesto que somos seres simbólicos descubrirás el verdadero sentido y significado de diferentes **símbolos** centenarios y siempre actuales.
- Porque somos en las palabras, también descubrirás diferentes **etimologías** para entender el significado profundo de ellas.
- Descubrirás en los **rincones interdisciplinares** que la religión, la ciencia y las artes caminan juntas.
- Los **textos de la Iglesia** orientarán el recorrido que vas a realizar.

En la **story** conocerás a hombres y mujeres de ayer y de hoy para comprobar que la Palabra de Dios, la Buena Noticia, es algo vivo, fresco, que tiene actualidad y utilidad en tu vida.

Sin duda, todo esto te servirá para que tú elijas tu propio recorrido e INSPIRARTE. Lleva siempre contigo el **cuaderno INSPIRA-TE**, te irá indicando las etapas recorridas y los retos superados. Este cuaderno te ayudará a ser creativo y a reconocer los pasos que vas dando. Dejarás constancia de las experiencias y reflexiones aprendidas en el viaje del que tú eres el auténtico protagonista.
Déjate sorprender. Y no pierdas el rumbo en este viaje para encontrarte, para inspirarte y para encontrarle.

> *Id a los caminos y mirad, preguntad cuáles son los viejos senderos, cuál es la buena senda; tomadla y hallaréis la paz de vuestras almas. (Jer 6,16)*

Has comenzado un viaje que sin duda, merecerá la pena.

LO QUE VAMOS A APRENDER

INSPIRA

RELIGIÓN CATÓLICA

01 VIVIR LO QUE SOMOS

02 EL MENSAJE DE LA CREACIÓN

03 EL MENSAJE DE DIOS EN LA HISTORIA

04 LOS MENSAJEROS DE DIOS

05 LOS EVANGELIOS: MENSAJE Y TESTIMONIO

06 JESÚS, MENSAJE DE VIDA

07 LA IGLESIA, ACTUALIDAD Y PRESENCIA

08 EL ESPÍRITU SANTO EDIFICA CONTINUAMENTE LA IGLESIA

01 VIVIR LO QUE SOMOS

CO NO CER

NECESITAS SABER

Preguntarte qué es el ser humano es preguntarte quién eres. Somos curiosos por naturaleza y ante la complejidad del ser humano surgen muchas preguntas. Algunas no son fáciles y, en ocasiones, la propia pregunta será más importante que la respuesta. Atrévete a preguntarte: ¿qué sabes del ser humano? ¿Y de ti? ¿Qué sabes de la inteligencia? ¿Y de las emociones? ¿Qué otras preguntas brotan de tu interior?

ANA LI ZAR

EMOCIONANTE

Inevitablemente, la pregunta sobre el ser humano provoca en ti una serie de emociones, de sentimientos y de inquietudes. Es una pregunta radical porque está conectada con tu propio ser. No hay reflexión personal sin emoción. Sorpréndete a ti mismo pensando en estas preguntas: ¿qué es lo que más valoras de tu familia? ¿Y de los amigos? ¿Qué es lo que más valoras de las personas a las que admiras?

IN VESTI GAR

PREOCUPANTE

Profundizar en el ser humano es una tarea apasionante. A lo largo de los siglos, la filosofía, la religión y las ciencias han ido dando respuestas; ahora es tu turno. ¿Qué te gustaría saber sobre el ser humano? ¿Somos libres? ¿Somos felices? ¿Qué opinan tus amigos de la libertad? ¿Es mejor ser solidarios que no serlo? ¿Necesitamos a los demás? ¿Qué nos impide ser libres?

CREAR

SUGERENCIAS PARA AVANZAR

El ser humano es un ser maravilloso, lleno de dones y talentos, llamado a ser feliz, libre y responsable. ¡Tiene en sus manos la posibilidad de cambiar el mundo! Atrévete y piensa en las siguientes cuestiones: ¿qué cambiarías en el mundo? ¿Qué mejorarías? ¿A quién beneficiaría? ¿Cómo lo harías? ¿Con quién lo harías?

1 SOMOS DON

1.1 PRIMER REGALO: LA VIDA

Existir es un regalo, un don. Nadie se ha dado a sí mismo la vida, sino que la hemos recibido. No es el resultado de un esfuerzo personal, ni la recompensa o el premio a una búsqueda. Nos descubrimos a nosotros mismos existiendo junto con otros, como personas con una serie de cualidades y capacidades innatas que estamos llamados a desarrollar. Este es nuestro primer gran regalo: la vida.

Pero antes de ser conscientes del regalo de la vida, reconocemos que hemos sido acogidos y cuidados. Las personas necesitamos un entorno de acogida para poder subsistir, un hogar donde ser cuidados y atendidos generosamente por otros. Somos muy frágiles y no podemos sobrevivir de un modo autosuficiente, necesitamos a los demás. Existir es un don, pero el cuidado que recibimos de otras personas también lo es.

Darnos cuenta del don de la existencia es un verdadero descubrimiento que nos sitúa en una nueva forma de mirar la realidad. Desde esta perspectiva la persona descubre que es un ser único y diferente, que mantiene una relación armónica con el conjunto de la realidad, que también es donada. Se siente parte de un todo orgánico, vivo e interrelacionado.

Por tanto, comprender la realidad como regalo significa entenderla como algo que ha sido dado, que está ahí, pero podría no estar. No nos pertenece como si fuera una cosa, un objeto. Comprendemos algo de ella, pero no la ha creado la mente humana. Es entonces cuando nos preguntamos: ¿quién la crea? ¿Qué inteligencia es capaz de hacer emerger la vida de la nada? ¿Para qué?

Observación IN

2 Observa esta imagen y contesta a las preguntas.

- ¿Qué te sugiere?
- Si tuvieras que ponerle un título, ¿cuál sería? Justifica tu propuesta.

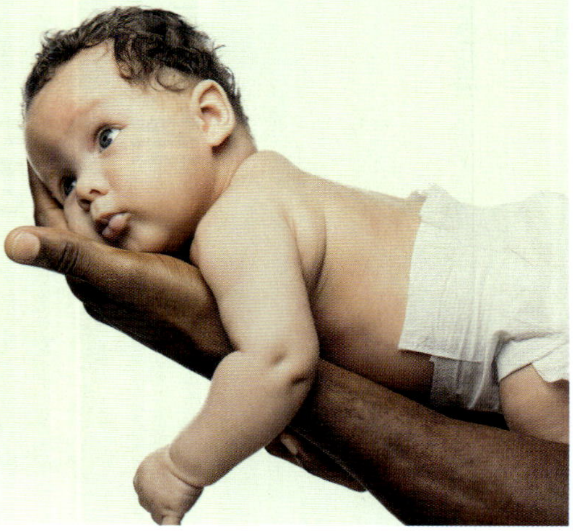

Reflexión inicial

1 ¿Alguna vez has tenido que rellenar una «solicitud para nacer»? ¿Por qué?

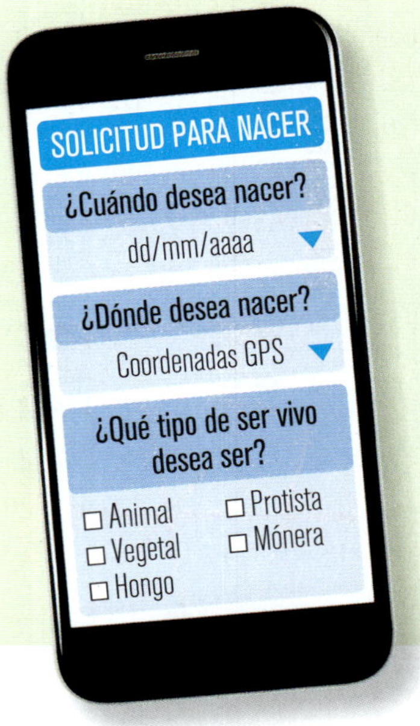

#etimología

don

Del latín *donum* 'ofrenda, regalo'.

Dádiva, presente o regalo.

Diccionario de la lengua española, 23.ª edición, RAE.

Tiene la misma raíz que el verbo *donar* 'dar', y este a su vez proviene de la raíz indoeuropea **do-** 'dar'. De ahí, se suponen tres elementos:

Donador
Es el emisor del don.

↓

Don
Constituye el objeto, material o inmaterial, que se da.

↓

Receptor
Acoge el don comunicado.

1.2 SEGUNDO REGALO: VIVIR EN LIBERTAD

La actitud ante la vida es muy diversa. Si bien todos hemos recibido la existencia y compartimos este don, no es menos cierto que cada uno lo acoge de forma diferente. Hay quien ignora el regalo y se sitúa ante su vida como a una realidad creada por sí mismo; hay quien, incluso, ignorando que la vida es un don, la vive y la percibe como una exigencia. En cambio, para otros, conscientes de que la vida nos ha sido dada, como un regalo, es motivo de reconocimiento y de gratitud. Así como el agua que se vierte adopta la forma del recipiente, el don también adopta la forma del receptor. Es decir, tal y como entendamos nuestra vida, así la viviremos. Cada uno de nosotros **estamos llamados a dar forma a ese don recibido.** Tomar conciencia de la existencia como algo recibido y, a la vez, como algo por hacer, nos pone necesariamente en la situación, de hacer de nuestra vida una verdadera obra de arte, es decir, de un proyecto vital: ser lo que estamos llamados a ser.

Para hacer nuestra vida y dotarla de sentido, necesitamos del don de la libertad. Somos necesariamente libres. Así, junto al don de la vida, disponemos del don de la libertad, del don de dar forma a la propia existencia, de convertirnos en los artesanos de la propia vida, en escultores de nuestro propio destino. Esta realización no se resuelve en un acto, sino en una sucesión de decisiones y acciones que van trazando un sentido en el quehacer de cada día.

En definitiva, el don de la vida nos lleva a descubrir el don de la libertad y a esta como posibilidad y tarea.

#enseñanzadelaiglesia

El tema del desarrollo de los pueblos está íntimamente unido al del desarrollo de cada hombre. La persona tiende por naturaleza a su propio desarrollo. Este no está garantizado por una serie de mecanismos naturales, sino que cada uno de nosotros es consciente de su capacidad de decidir libre y responsablemente. Tampoco se trata de un desarrollo a merced de nuestro capricho, ya que todos sabemos que somos un don y no el resultado de una autogeneración.

Benedicto XVI
Caritas in veritate. Carta encíclica sobre el desarrollo humano integral en la caridad y en la verdad. 29 junio 2009, p. 68.

Investigación OUT C

3 Busca en YouTube el vídeo titulado «Objetivos de Desarrollo Sostenible» y, después de su visionado, contesta a las siguientes preguntas.

- ¿Qué relación encuentras entre el contenido del vídeo y el mensaje de Benedicto XVI?
- ¿Qué título le pondrías al vídeo?
- ¿Cómo crees que se ha de orientar el desarrollo?

2 ESTAMOS HECHOS PARA EL DON

2.1 APRENDER A SER LIBRES

Cuando uno descubre que la vida es don, un verdadero regalo, puede llegar a comprender que la libertad tiene que ver, además de con la capacidad de elegir, con liberarse. Es libre aquel que comparte el don que tiene en su interior, que tiene el valor de ofrecerlo generosamente a los demás sin esperar nada a cambio. Es libre aquel que puede donar lo que verdaderamente es, lo que le hace único e irrepetible.

Uno de los grandes obstáculos que impiden la verdadera libertad es el egoísmo. Mientras que la donación conduce a la plenitud, a hacernos más libres y, por tanto, más auténticos, el egoísmo conduce a la pérdida de lo recibido, a ser una copia falsa de quien somos en realidad.

Para poder ser libres **debemos buscar en nuestro interior esas capacidades recibidas** y, una vez encontradas y reconocidas, **compartirlas con los demás.**

Parábola de los talentos (Mt 25,14-29)

«Es como un hombre que, al irse de viaje, llamó a sus siervos y los dejó al cargo de sus bienes: a uno le dejó cinco talentos, a otro dos, a otro uno, a cada cual según su capacidad; luego se marchó. El que recibió cinco talentos fue enseguida a negociar con ellos y ganó otros cinco. El que recibió dos hizo lo mismo y ganó otros dos. En cambio, el que recibió uno fue a hacer un hoyo en la tierra y escondió el dinero de su señor. Al cabo de mucho tiempo viene el señor de aquellos siervos y se pone a ajustar las cuentas con ellos. Se acercó el que había recibido cinco talentos y le presentó otros cinco, diciendo: "Señor, cinco talentos me dejaste; mira, he ganado otros cinco". Su señor le dijo: "Bien, siervo bueno y fiel; como has sido fiel en lo poco, te daré un cargo importante; entra en el gozo de tu señor". Se acercó luego el que había recibido dos talentos y dijo: "Señor, dos talentos me dejaste; mira, he ganado otros dos". Su señor le dijo: "¡Bien, siervo bueno y fiel!; como has sido fiel en lo poco, te daré un cargo importante; entra en el gozo de tu señor". Se acercó también el que había recibido un talento y dijo: "Señor, sabía que eres exigente, que siegas donde no siembras y recoges donde no esparces, tuve miedo y fui a esconder tu talento bajo tierra. Aquí tienes lo tuyo". El señor le respondió: "Eres un siervo negligente y holgazán. ¿Con que sabías que siego donde no siembro y recojo donde no esparzo? Pues debías haber puesto mi dinero en el banco, para que, al volver yo, pudiera recoger lo mío con los intereses. Quitadle el talento y dádselo al que tiene diez. Porque al que tiene se le dará y le sobrará, pero al que no tiene, se le quitará hasta lo que tiene».

Consolidación

4 Escenificamos la Parábola de los talentos. Después contestamos a las siguientes preguntas.

- ¿Qué es un talento?
- ¿Es justo o injusto la manera de proceder del señor de la parábola?
- ¿Qué enseñanza transmite?

5 Contesta a las siguientes preguntas.

- ¿Qué relación encuentras entre la Parábola de los talentos del Evangelio de san Mateo y la Teoría de las inteligencias múltiples de Gardner?
- Reflexiona. ¿Qué aprendizaje práctico te llevas para tu vida cotidiana?

#interdisciplinar

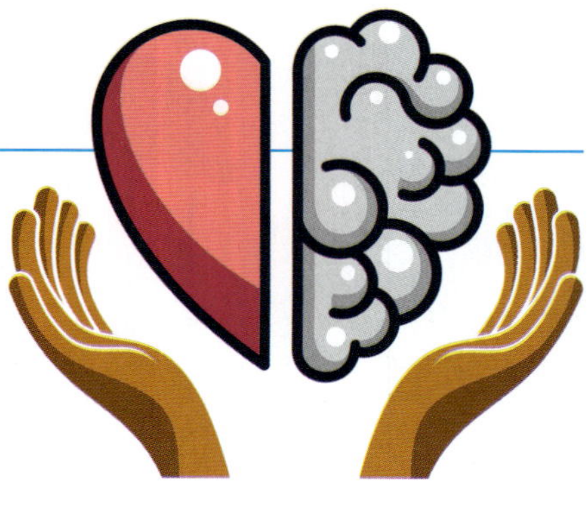

La **Teoría de las inteligencias múltiples** del psicólogo **Howard Gardner** afirma que poseemos varios tipos de inteligencia, que son: inteligencia lingüística, lógico-matemática, espacial, musical, cinestésica-corporal, intrapersonal, interpersonal y naturalista, y cada persona desarrolla un tipo diferente.

2.2 APRENDER A SER FELICES

El ser humano desea ser feliz, el problema es que no nacemos con una hoja de ruta que nos indique el camino hacia la felicidad, ni existe un manual que nos marque los pasos a seguir para ser felices. Buscar la felicidad se convierte en una **tarea personal**, a veces compleja y difícil, pero a la que no podemos renunciar.

Entender la felicidad como aquello que sentimos cuando todas las circunstancias de la vida son favorables, entender que solo podemos ser felices cuando «todo nos vaya bien» es reducir demasiado este concepto. Existe una felicidad libre de euforia, un estado de felicidad personal que conseguimos independientemente de lo que nos rodea. **Consiste en ser feliz, no en tener momentos felices.**

A lo largo de esta unidad hemos aprendido que somos don y estamos hechos para el don, por este motivo, **es feliz la persona que da lo que es**, que es capaz de darse y ofrecerse a los demás, que tiene los ojos abiertos para ver la realidad que le rodea. El ser humano no vive aislado, necesita a los demás para desarrollarse plenamente, y cuando experimenta que **gracias a lo que él es puede cambiar el mundo**, está viviendo en la clave de la felicidad. En definitiva, **vivir consiste en dar lo que uno es.**

Una de las claves para ser felices será, por lo tanto, **conocernos a nosotros mismos**, reconocer los dones y talentos que todo ser humano tiene para compartirlos y de este modo hacer del mundo un lugar mejor.

Muchos hombres y mujeres a lo largo de la historia nos han enseñado que la vida cobra pleno sentido y merece la pena cuando han sido valientes para profundizar en su yo más íntimo y han sido generosos para compartirlo comprometiéndose con el mundo. Lo que gratis recibieron, gratis lo dieron.

En definitiva, la felicidad es fruto de una conquista personal en la que intervienen todas las inteligencias como capacidades para comprender, resolver problemas y elegir lo mejor entre varias opciones, con el fin de descubrir nuestra vocación y realizar nuestro proyecto personal.

Una de las inteligencias más directamente relacionada con la felicidad es la inteligencia espiritual. Es un tipo de inteligencia vital, porque nos capacita para interrogarnos, buscar y encontrar sentido a la vida, además de identificar nuestros puntos débiles y fortalezas personales. Recuerda que la vida nos ha sido dada, pero tenemos la responsabilidad de dotarla de sentido y de ser felices.

Aprendizaje-Servivio (ApS)

Todas las personas, independientemente de la edad, el sexo o la religión, tenemos el derecho a colaborar en la construcción de un mundo mejor. El **Aprendizaje-Servicio** es una propuesta educativa que nos facilita la posibilidad de aprender haciendo un servicio a la comunidad.

- Colaborar en una campaña de recogida de alimentos llevando un kilo de arroz es un **acto solidario**.
- Investigar sobre la nutrición y las causas del hambre en el mundo es una **actividad de aprendizaje**.
- Aplicar los conocimientos para diseñar y llevar a cabo una campaña propia en el barrio en colaboración con el banco de alimentos es **Aprendizaje-Servicio**.

aprendizajeservicio

Investigación OUT C

6 Investiga en tu entorno o en internet algún proyecto de Aprendizaje-Servicio desarrollado por chicos y chicas de tu edad. Después contesta a las siguientes preguntas.

- ¿Qué necesidad social atendieron?
- ¿Qué servicio desarrollaron?
- ¿Qué capacidades y aprendizajes personales desarrollaron con este proyecto?

MARÍA DE VILLOTA

Hoy nos encontramos con una mujer fascinante: María de Villota. Fue piloto de Fórmula 1. Su vida dio un vuelco cuando sufrió un accidente que le dejó graves secuelas. Lejos de caer en el abatimiento, su perseverancia y su coraje fueron más poderosos que aquel trágico suceso.

María de Villota tenía **«un mensaje importante»** que dar y, para hacerlo llegar a todo el mundo, escribió **«de puño y corazón»** un libro: *La vida es un regalo.*

«Yo era piloto. Corría mucho, a gran velocidad. Tan rápido que apenas calaban en mí las gotas de las miserias de la vida. Y no porque no las tuviese cerca, sino porque solo quería correr, avanzar, lograr ese objetivo, cumplir mi sueño. Y entonces no ves, no miras, tu corazón apenas siente porque no le das tiempo tras las capas que has forjado en tu vida y que te hacen más fuerte, más ciego, más torpe e inerte.

Tener un accidente en el que pende tu vida puede ser algo terrible, pero, si logras salvarte para poder vivir dignamente, puede ser un regalo tan grande como devolverte a la niñez, quitarte años de encima y la armadura, redirigir la vista hacia el alma y volver a sentir como si acabaras de nacer. Y es así, porque acabas de nacer.

Y lloras más, sí, te vuelves agradecidamente débil, aunque a veces duele tanto que te gustaría volver a correr, pero no pienso dejar de lado a los que ahora gritan en silencio por mi ayuda. Porque no muchos los oyen, como yo antes; pero ahora, desde que yo fui uno de ellos, no puedo ni quiero quitar este dolor y solo deseo ser mejor, y doy gracias por poder sentirles. A enfermos y sanos».

María de Villota: *La vida es un regalo.* Plataforma Editorial

«¡Parad! Parad en seco como si un accidente ocurriera en vuestra vida. Sí, nuestra vida no es nuestra. Es un trozo de tiempo infinito si lo compartes con quien amas, con quien te necesita. Y el mismo trozo de tiempo mezquino si no aprecias esto y cuanto te rodea».

«¡Sonríe, por Dios! O por quien tú quieras, pero sonríe, porque hoy estás aquí y te queda mucho por vivir en este día. Y decide. Decide si quieres solo llegar o pasear este increíble camino».

Investigación IN & OUT C

7 Explora en internet noticias sobre la piloto María de Villota y elabora una pequeña biografía con aquellos datos que más te hayan impactado.

#FORTALEZA PERSONAL

LA GRATITUD

La gratitud es un sentimiento o actitud de reconocimiento de un beneficio que se ha recibido o se recibirá. Es una fortaleza personal tremendamente poderosa que genera una forma positiva de relacionarnos con el entorno, con nosotros mismos y con los demás y que nos conecta con algo más elevado, amplio y permanente: con otras personas, con el futuro, la evolución, el universo, lo divino. Y se concreta en:

Ser consciente de los beneficios recibidos, sean materiales o inmateriales.

Agradecer esos beneficios.

Saber **expresar** agradecimiento.

A LA LUZ DE LA PALABRA

Hace más de dos mil años existió otra mujer, María de Nazaret, quien ante la incertidumbre de una propuesta de Dios que cambiará el rumbo de su existencia, fue capaz de acogerla como don, hacerla «carne de su carne» y darle vida.

Canto del Magníficat (Lc 1,46-55)

María dijo:

«Proclama mi alma la grandeza del Señor,
se alegra mi espíritu en Dios, mi salvador;
porque ha mirado la humildad de su esclava.

Desde ahora me felicitarán todas las generaciones,
porque el Poderoso ha hecho obras grandes en mí:
su nombre es santo,
y su misericordia llega a sus fieles de generación en generación.
Él hace proezas con su brazo:
dispersa a los soberbios de corazón, derriba del trono a los poderosos
y enaltece a los humildes, a los hambrientos los colma de bienes
y a los ricos los despide vacíos.

Auxilia a Israel, su siervo, acordándose de la misericordia
—como lo había prometido a nuestros padres—
en favor de Abrahán y su descendencia por siempre».

Inspiración IN

8 Después de leer la cita bíblica con atención, contesta las siguientes preguntas.

- ¿Qué **don** o regalo recibe María de Nazaret?
- ¿Quién es el **emisor** de ese don? ¿Qué acciones hace ese emisor?
- ¿Quién es la **receptora** de ese don? ¿Qué sentimientos expresa?
- ¿Qué paralelismos observas entre María de Villota y María de Nazaret?

Entreno IN & OUT C

1 **Soy consciente.** Piensa en aquellas cosas importantes que has recibido en la vida y que te han hecho crecer como persona. Enumera situaciones que te han beneficiado y por las que sientes gratitud.

2 **Agradezco.** Ponemos en común las cosas más importantes por las que sentimos agradecimiento. Busca similitudes y analiza si algunas de esas cosas han sido fáciles o difíciles de vivir.

3 **Comunico.** Elabora un agradecimiento por las cosas importantes de tu vida. No olvides #laspersonasmásqueridas.

4 **Transformamos.** La gratitud puede convertirse en una actitud transformadora de la realidad, pues sientes el impulso de compensar lo que has recibido ofreciendo lo mejor de ti a los demás. Mira a tu alrededor y comparte:

- ¿Qué necesidades detectas en tu entorno?
- ¿Qué situaciones podrían mejorar?

3 EN BUSCA DEL TESORO

Las parábolas son relatos cortos que se vinculan a la vida cotidiana para ser fáciles de entender, pero transmiten una verdad profunda. Su finalidad es clara: explicar qué es el Reino de Dios.

Parábola del tesoro escondido (Mt 13,44)

«El reino de los cielos se parece a un tesoro escondido en el campo: el que lo encuentra, lo vuelve a esconder y, lleno de alegría, va a vender todo lo que tiene y compra el campo».

Vivir lo que somos supone explorar el universo y la vida para conocer quiénes somos realmente. Descubrimos que **somos don** y **estamos hechos para el don**. Ser conscientes de que se nos ha regalado la vida despierta en nosotros una sensibilidad especial que nos mueve a **buscar ese Autor**, ese tesoro escondido con el que podemos encontrarnos cara a cara.

Somos camino, el ser humano procede del Misterio y tiende hacia el Misterio, en un camino de tres direcciones:

- Hacia el mundo exterior.
- Hacia el mundo interior.
- Hacia los demás.

3.1 BUSCAR EN EL MUNDO EXTERIOR

Estamos abiertos al mundo exterior, en un **proceso de encuentro** con la realidad. Y esta nos interroga.

Nos damos cuenta de que no podemos conocer el mundo en su totalidad; la realidad es tan compleja que hace que nunca pueda ser totalmente conocida. Pero si entrenamos la mirada y cultivamos nuestra sensibilidad, podemos llegar a descubrir el Misterio que late en la profundidad de la vida, podemos llegar a **percibir en la Creación las huellas de su Creador**.

Reflexión IN

9 Después de leer la Parábola del tesoro escondido, contesta a las preguntas.

- ¿Cuál es la enseñanza profunda de esta parábola?
- ¿Qué conclusiones personales extraes de ella?

3.2 BUSCAR EN EL MUNDO INTERIOR

La persona también puede dirigir la atención hacia su interior y descubrir un mundo fascinante dentro de sí misma. La **interioridad** es el ámbito de la persona donde nos encontramos con lo que somos. Hablar de interioridad es hablar de profundidad, es donde reflexionamos, sentimos, imaginamos, queremos, asumimos, recordamos, trascendemos, etc.

El camino hacia el interior de uno mismo requiere salir de la superficialidad y crear espacios de **silencio para poder escucharnos** a nosotros mismos. Es una condición indispensable para que las personas podamos llegar a ser quienes estamos llamados a ser.

Al recorrer este camino de búsqueda interior, lejos de encontrarnos en el absoluto silencio y la soledad, es cuando se produce la escucha de VIVIR LO QUE SOMOS y el encuentro con el Creador.

3.3 BUSCAR CON LOS DEMÁS

Las personas somos seres relacionales, estamos en contacto con diferentes ambientes y compartimos nuestra vida con otras personas. Esa relación con los demás nos hace ser lo que hoy somos. En este sentido, podríamos llegar a decir que **somos historia**, porque somos capaces de realizarnos en comunicación con los demás. Recorriendo juntos un camino en el que podemos descubrir nuestra realidad.

Es en esta historia compartida, de presente, de pasado y de futuro, donde podemos descubrir a **Dios**, como **origen**, **sentido y meta de la historia**.

Estos son tres caminos que nos facilitan el encuentro con el Creador.

#símbolo

La religión es la expresión del encuentro del ser humano con Dios. El lenguaje de esta expresión es simbólico. Pero ¿qué es un símbolo?

Un símbolo es una realidad que hace presente una realidad de otro orden. Esta definición puede parecer de primera intención sumamente compleja, pero quiere indicar algo extremadamente común. Podemos pensar en muchísimas realidades simbólicas: la bandera de un país, la imagen de un santo para un devoto, un colgante que nos hace presente a una persona querida... Casi cualquier realidad de la vida, en un momento dado y para alguien, puede ser un símbolo. Un símbolo es, pues, una realidad «puente» que une diferentes ámbitos de existencia.

Observación IN

10 Elige una de estas imágenes y contesta.

- ¿Qué ves?
- ¿Y qué te sugiere?

PRÁCTICA

01 VIVIR LO QUE SOMOS

1 Inteligencias múltiples

1 Inteligencia lingüístico-verbal

- Escribe tres oraciones en las que aparezca la palabra *don* o palabras derivadas (donación, donante, etc.) en tres contextos diferentes.
- Explica el significado de estas oraciones.

2 Inteligencia lógico-matemática

- Elabora una deducción partiendo de la siguiente hipótesis: *Si no fuera libre, entonces…*

3 Inteligencia visual-espacial

- Relaciona la felicidad con un color y explica por qué has elegido este color.
- Entre todos los compañeros de la clase podéis crear el «mosaico de la felicidad».

4 Inteligencia cinestésica-corporal

- En grupos de cuatro explicad usando gestos uno de los conceptos aprendidos en esta unidad (don, libertad, gratitud, felicidad). El resto de los compañeros tiene que adivinar el concepto que estáis representando.

5 Inteligencia musical

- Elige una canción que hayas escuchado recientemente en la que aparezca la palabra *libertad* y contesta a las siguientes preguntas.
  - a. ¿Qué entiende por libertad el autor de esta canción?
  - b. ¿Es lo mismo que has aprendido en esta unidad?

6 Inteligencia naturalista

- Observa la naturaleza y contesta a las siguientes preguntas.
  - a. De toda la pluralidad de lo que existe, ¿qué es lo que más te asombra?
  - b. ¿Qué es aquello que se presenta ante ti como un verdadero regalo?

7 Inteligencia intrapersonal

- Escribe en una lista los dones y talentos que descubres en ti.
- Una vez realizada, reflexiona a partir de las siguientes preguntas.
  - a. ¿Qué estás haciendo con estos dones?
  - b. ¿Estás compartiendo estos dones con la gente que te rodea?

8 Inteligencia interpersonal

- Cuatro compañeros de clase te dicen los dones y talentos que ellos perciben en ti. Añade estos a tu lista.
- A continuación, contesta a las siguientes preguntas.
  - a. ¿Hay talentos que te han dicho tus compañeros de los que tú no eras consciente?
  - b. ¿Hay talentos que tú has escrito en tu lista y que para tus compañeros han pasado desapercibidos?
- Saca tus propias conclusiones sin olvidar que ¡estás lleno de tesoros!

2 Metacognición

9 Analizo y reflexiono sobre lo aprendido en esta unidad.

1. ¿Qué he hecho y qué he aprendido?
2. ¿Cómo lo he aprendido?
3. ¿Qué me ha resultado más fácil? ¿Y más difícil?
4. ¿Para qué me ha servido lo que he aprendido?
5. ¿En qué otras ocasiones voy a utilizar lo que he aprendido?

3 Resumen visual

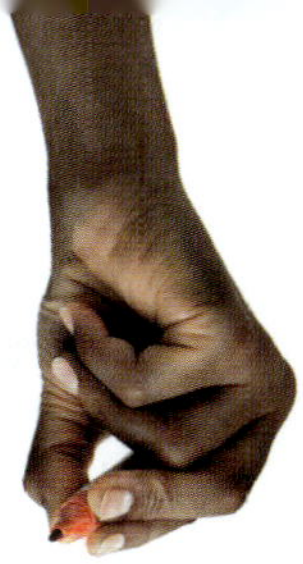

LA PRIMERA REALIDAD QUE AL HOMBRE SE LE OCULTA ES ÉL MISMO

02 EL MENSAJE DE LA CREACIÓN

EL HOMBRE
NO PUEDE VIVIR
SIN DESCRIBIR
Y EXPLICAR
EL UNIVERSO

ISAÍAH BERLIN

CONOCER

NECESITAS SABER

El origen de todo cuanto existe es una cuestión que el ser humano se ha preguntado a lo largo de los siglos y que se sigue preguntando porque todavía no ha llegado a una respuesta definitiva. ¿El mundo ha sido creado? ¿Por quién? ¿Todo cuanto existe es fruto de una casualidad? ¿Crees que la ciencia responde de forma contundente a esta cuestión? ¿Dónde crees que hay que recurrir para hallar respuestas, a la ciencia, la filosofía o la religión?

ANALIZAR

EMOCIONANTE

Ante la contemplación de la naturaleza el ser humano se queda perplejo. Observar detenidamente la belleza de todo lo creado no nos deja indiferentes y provoca en nosotros inquietud, asombro, sorpresa, admiración... La naturaleza nos ofrece escenarios bellísimos: la inmensidad del mar, el cielo estrellado, la grandiosidad de una montaña, la fuerza de un volcán... ¿Qué sentimientos surgen en tu interior ante la grandeza y el misterio de todo cuando existe?

INVESTIGAR

PREOCUPANTE

En el siglo XXI nos enfrentamos a varios retos ecológicos. Nuestras formas de consumir y de vivir están poniendo en peligro la pervivencia de nuestro planeta. ¿Conoces alguno de estos retos? ¿Eres responsable con el medioambiente? ¿Crees que las cosas pueden cambiar? ¿Estamos condenados a la destrucción del planeta? ¿Qué medidas o acciones crees que son más urgentes y necesarias?

CREAR

SUGERENCIAS PARA AVANZAR

En ocasiones podemos pensar que solo existe lo que vemos. ¿Te has parado a pensar sobre las cosas que afirmas como verdaderas, pero que no puedes ver ni tocar? Cuando piensas en ti y en el mundo que te rodea, ¿qué preguntas surgen en tu interior? Vivimos rodeados de ruido. ¿Se te ocurre algún espacio en el que puedas encontrarte con el silencio? ¿Dedicas algún momento a lo largo del día a estar en silencio?

1 DESCUBRIR EL UNIVERSO

¿Qué conoces del universo? ¿De dónde procede? ¿Para qué existe? ¿Qué lugar ocupas dentro de él?

Estas preguntas son difíciles de responder, pues no podemos conocer el mundo en su totalidad. La realidad es compleja y para poder vivirla en profundidad es necesario que eduquemos nuestra mirada y cultivemos nuestra sensibilidad.

1.1 EDUCAR LA MIRADA

Vivimos en un mundo en el que se valora más la cantidad de vivencias que la calidad o la profundidad de estas. Rodeados de unos estímulos externos cada vez más seductores y poderosos, nos dejamos llevar frecuentemente por la dispersión y la superficialidad. Hay tantas cosas que se nos escapan, que están ahí y «no vemos». Caminamos acelerados y pasamos por el presente distraídos, sumergidos en una espiral de actividades y cavilaciones que nos hace perder muchos momentos que tenemos para vivir.

Este exceso de estímulos, la ausencia de silencio y los ritmos vertiginosos de nuestras vidas impiden que disfrutemos de tiempo para contemplar la Creación y escuchar su mensaje.

Aprender a parar y observar con atención nos ayuda a vivir el presente de manera más consciente y plena. Mirar con serenidad las cosas hace que descubramos realidades más profundas y trascendentes que no podemos ver a simple vista. No solo existen aquellas cosas que podemos captar con nuestros sentidos (vista, oído, tacto, olfato, gusto). También hay otros elementos que, aunque no los podamos ver, son reales e influyen directamente en la vida de las personas.

Solo quien contempla con atención el mundo descubre algo nuevo en él y se queda admirado por ello. Esta admiración nos lleva a plantearnos cuestiones que van más allá de la utilidad y la funcionalidad de las cosas, nos conduce a interrogarnos por el origen, la finalidad y el sentido de la vida.

En definitiva, **contemplar con plena atención la realidad nos abre a interrogantes profundos sobre la fuente de la vida, sobre Dios,** sobre el autor de la Creación. Dios es una realidad que no podemos ver.

«El único que posee la inmortalidad, que habita una luz inaccesible, a quien ningún hombre ha visto ni puede ver». (1Tim 6,16)

Observación IN

1 Observa esta imagen y contesta a las preguntas.

- ¿Qué te sugiere?
- Si tuvieras que ponerle un título, ¿cuál sería? Justifica tu propuesta.

1.2 SILENCIO PARA ESCUCHAR

Dios se da a conocer al ser humano a través de la Creación. Este es el gran mensaje que la Creación presenta a las personas. Para escuchar es necesario el silencio. Para escuchar el mensaje de la Creación es necesario un silencio contemplativo, un silencio que nos ayuda a descubrir las huellas del Creador en la Creación.

Recorrer este camino hacia la profundidad de la vida para descubrir el Misterio que hay en ella no es tarea fácil. Cultivar esta sensibilidad consiste en reconocer los límites de nuestro pensamiento y de nuestro propio lenguaje. Nuestras palabras se quedan cortas para comprender y nombrar por completo la realidad. Hay muchas cosas de la vida que no las podemos comprender, y que incluso nos cuesta nombrar, porque no encontramos las palabras que las definen por completo.

Nuestra mente, nuestros conceptos, nuestro lenguaje no pueden definir a Dios de una forma completa y ajustada porque Dios no es una idea, sino una presencia. Es una presencia real pero indemostrable que habita en la profundidad de la vida. Dios siempre es mayor que nuestras palabras y desborda todo lo que podemos decir o imaginar de él.

Hablar de *Misterio,* hablar de *Dios,* no es remitir a una realidad en la que no habría nada que comprender, sino en la que hay demasiado que comprender y que nos desborda por todas partes. Es una realidad que se va revelando a las personas y con la que podemos encontrarnos cara a cara.

Investigación y Creación

2 Descubrimos en las diversas tradiciones religiosas del mundo diferentes formas de expresar este «re-encuentro» del ser humano con lo sagrado, con Dios.

a. Explora en internet narraciones simbólicas e imágenes sobre el origen del universo y de la vida procedentes de tradiciones religiosas de distintas épocas y lugares del mundo.

b. Después de esta búsqueda personal, realiza una presentación colaborativa con estas narraciones e imágenes, indicando a qué tradiciones religiosas pertenecen y qué enseñanzas transmiten.

c. En asamblea, expresamos y compartimos nuestras conclusiones personales.

#etimología

religión

Del latín *religio.*

Palabra formada por el prefijo *re-* (que significa 'repetición') y el verbo *ligare* (que significa 'ligar, atar, amarrar, mezclar'). Teniendo en cuenta su etimología, la palabra *religión* significaría algo así como la «re-unión» del ser humano con el Misterio. Es decir, el «re-encuentro» de la persona con Dios.

En su sentido más profundo, la religión hace referencia a una experiencia humana muy especial: la de sentir y vivir que el ser humano procede de Dios y tiende hacia Dios. Por lo tanto, la experiencia religiosa está relacionada con el sentido de la vida de las personas, pues propone respuestas a muchas preguntas importantes como cuál es el origen de la vida, de dónde venimos, hacia dónde vamos, etc.

2 EXPLICAR EL UNIVERSO

Las personas poseemos diferentes formas de inteligencia que nos capacitan para comprender el mundo desde distintas perspectivas, pues somos capaces de:

HACER	CIENCIA	PENSAR	RAZÓN	TRASCENDER	FE

2.1 DESDE LA PERSPECTIVA CIENTÍFICA

La ciencia y la astronomía modernas nos permiten profundizar aún más en el estudio del cosmos y que tengamos una idea más acertada de la naturaleza del universo y su origen y de hacia dónde va encaminada su evolución.

Por Big Bang, también llamado la Gran Explosión, se entiende el principio del universo. Es decir, el punto inicial en el que se formaron la materia, el espacio y el tiempo. El Big Bang tuvo lugar hace unos 13 800 millones de años. Las teorías sobre el Big Bang no describen este hecho en sí, sino el universo temprano en su evolución temporal después de la Gran Explosión.

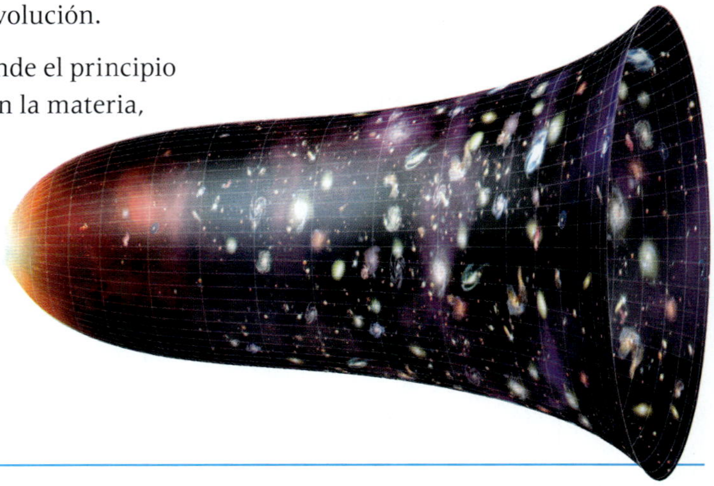

#interdisciplinar

La Historia del Arte también recoge la inquietud por la creación del mundo. A lo largo de los siglos, muchos artistas han representado con diferentes estilos su imagen sobre la creación del mundo; es un tema recurrente en el arte.

El Tapiz de la Creación de la Catedral de Girona refleja los episodios de la Creación presentes en el libro del Génesis. Hay dudas sobre el autor de la obra y sobre la fecha, aunque se data entre el siglo XI y la primera mitad del siglo XII. En el centro aparece Cristo como creador del universo. En los dos círculos centrales del tapiz hay unas inscripciones del libro del Génesis:

- *Dixit quoque Deus fiat lux et facta est lux* (Y dijo Dios: «Exista la luz». Y la luz existió).
- *In principio creavit Deus coelum et terram, mare et omnia qua in eis sunt et vidit Deus cuncta que fecerat et erant valde bona* (Al principio creó Dios el cielo y la tierra, el mar y todas las cosas que se encuentran. Y vio Dios que todo lo que había creado era bueno).

Análisis OUT C

3 Contempla el Tapiz de la Creación de la Catedral de Girona y contesta.

- ¿Qué similitudes encuentras entre la representación del Big Bang y la del origen de la Creación presente en el tapiz?
- ¿Qué similitudes encuentras entre esta representación cristiana y las representaciones simbólicas de la Creación de otras religiones?
- ¿Qué mensaje transmiten las dos frases del tapiz?

2.2 DESDE LA PERSPECTIVA DE LA FE

Las teorías científicas explican *cómo* es el mundo, pero no aclaran *qué sentido* tiene que exista el mundo y que existan las personas. Estas son cuestiones que el ser humano afronta desde una perspectiva trascendente, desde la fe, que es otra forma de conocimiento, junto a la ciencia y a la razón. Las diferentes tradiciones religiosas nos ofrecen narraciones simbólicas sobre el origen del universo y de la vida.

En el primer libro de la Biblia, el Génesis, podemos encontrar el relato de la Creación. Es una narración llena de símbolos que hay que saber interpretar adecuadamente, no debe entenderse en sentido literal. La finalidad de un relato simbólico es hacernos pensar y hacer que nos preguntemos por el sentido del mundo. La Biblia no presenta datos científicos sobre el mundo, sino que presenta un mensaje muy especial que nos invita a **mirar la Creación desde una perspectiva más profunda para que podamos descubrir en ella las huellas de su Creador.**

Dios crea por amor. Esa es la primera enseñanza que nos transmite el relato de la Creación. Dios sale de sí mismo para crear el universo y la vida. Entre la nada y la vida, Dios elige la vida. Por lo tanto, todo lo que existe es un don, un regalo de Dios, y debe desarrollarse siempre al servicio de la vida y no de la destrucción. Una de las enseñanzas más importantes del relato de la Creación es que todo lo creado es bueno porque procede de Dios.

Investigación y Análisis IN & OUT

4 El primer libro de la Biblia es el Génesis.

- ¿Cuál es la etimología de la palabra *génesis*?
- ¿Qué contiene el libro del Génesis?

5 Lee el relato de la Creación en la Biblia (Gén 1,1-2,3) y contesta.

- ¿Cuál es el mensaje central?
- ¿Este mensaje es válido hoy en día? Justifica tu respuesta.

6 Explora en internet relatos míticos de la antigüedad sobre el origen de la Creación y contesta.

- ¿Qué elementos comunes descubres entre estos relatos de la antigüedad y el relato bíblico de la Creación?
- ¿Y qué elementos diferenciadores?

#símbolo

Los comienzos del cristianismo no fueron fáciles. Los primeros cristianos eran perseguidos y vivían su fe de forma clandestina, por este motivo recurrían a **símbolos** como idioma secreto para proclamar su fe.

Uno de estos símbolos era el **pez.** Un dibujo sencillo que consistía en dos arcos superpuestos que forman el perfil de un pez. Cuando un cristiano quería encontrarse con otro cristiano de forma clandestina dibujaba uno de los arcos, si el otro dibujaba el otro arco superpuesto completaba la figura del pez y significaba que era un seguidor de Jesús porque conocía este «código secreto».

En griego, la palabra *pez* se escribe ΙΧΘΥΣ (ijcis), cuyas letras forman un acrónimo que significa 'Jesucristo, Hijo de Dios Salvador'.

I (Iota): Letra inicial de la palabra 'Ιησοῦς (Jesús)
X (Chi): Letra inicial de la palabra Χριστός (Cristo)
Θ (Theta): Letra inicial de la palabra Θεοῦ (Dios)
Y (Upsilon): Letra inicial de la palabra 'Υἱός (Hijo)
Σ (Sigma): Letra inicial de la palabra Σωτήρ (Salvador)

Consolidación IN & OUT

7 ¿Qué relación encuentras entre el mensaje del relato de la Creación del Génesis, el mensaje del Tapiz de la Creación y el mensaje del símbolo del pez?

#STORY

GEORGES LEMAÎTRE

El protagonista de esta *story* es el belga Georges Lemaître (1894-1966), sacerdote, astrónomo, físico y matemático. Es considerado el padre de la teoría del Big Bang para explicar el origen del universo.

Este sacerdote nos demuestra que es posible y necesario el diálogo entre la ciencia y la religión, con lo que podemos comprobar que ciencia y fe no son dos caminos de conocimiento opuestos, sino que son diferentes y complementarios. El propio sacerdote afirma en varias ocasiones que «la ciencia y la religión, no alcanzaban ambas la Verdad por caminos incompatibles, y no debían prestarse a confusión».

Lemaître, sin renunciar a su fe, formula la hipótesis de que **toda la materia del universo en el momento del origen estaba concentrada en un átomo primordial** cuya explosión determina el comienzo de la expansión y la creación de la materia. Esta teoría no entra en contradicción con su creencia de Dios como creador del mundo.

Los trabajos de Lemaître no fueron comprendidos por sus contemporáneos y recibió muchas críticas. La idea fue retomada por físicos posteriores, y se terminó reconociendo como el modelo estándar de formación del universo. El trabajo y las tesis de este sacerdote son reconocidas y aplaudidas hoy por la comunidad científica.

Albert Einstein, al escucharlo en una conferencia, declaró que la teoría del origen del universo «es la explicación más bella y satisfactoria de la Creación que alguna vez había escuchado».

En 1951 el papa Pío XII afirmó que la *hipótesis del átomo primigenio* de Lemaître demostraba científicamente la Creación.

Las ideas de este astrofísico llegaron a la prensa y se convirtió en el cosmólogo líder del momento. Un artículo en *The New York Times* mostró una fotografía de él con Einstein con la leyenda: «Tienen un profundo respeto y admiración el uno por el otro». El hecho de que Lemaître fuera científico y sacerdote católico fascinó a los hombres y mujeres de la época y se escribió de él: «No hay conflicto entre religión y ciencia. Su punto de vista es interesante e importante no solo porque sea un sacerdote católico, ni uno de los principales matemáticos y físicos de nuestro tiempo, sino porque él es ambas cosas».

Albert Einstein y Georges Lemaître en Pasadena (California), 12 de enero de 1933.

«¿Podría, acaso, la Iglesia tener necesidad de la ciencia? No; la cruz y el Evangelio le bastan. Pero al cristiano nada humano le es ajeno. ¿Cómo podría desinteresarse la Iglesia de la más noble de las ocupaciones estrictamente humanas, la investigación de la verdad?».

«Yo me interesaba por la verdad desde el punto de vista de la salvación y desde el punto de vista de la certeza científica. Me parecía que los dos caminos conducían a la verdad y decidí seguir ambos. Nada en mi vida profesional, ni en lo que he encontrado en la ciencia y en la religión, me ha inducido jamás a cambiar de opinión».

Investigación OUT C

8 Explora en internet noticias de científicas y científicos que defienden el diálogo entre ciencia y fe. Redacta al menos tres breves reseñas y compártelas con tus compañeros de clase.

#FORTALEZA PERSONAL

LA PERSPECTIVA

La fortaleza de la perspectiva representa un nivel superior de conocimiento y de juicio. Es la capacidad para dar sabios consejos a través de una visión amplia de las cosas.

Incluye la capacidad de interpretar y comprender mejor la realidad. Nos permite tratar preguntas difíciles e importantes sobre el desarrollo y el significado de la vida. La perspectiva es útil para el bienestar de uno mismo y de los demás.

A LA LUZ DE LA PALABRA

A lo largo del Evangelio, **Jesucristo propone un camino nuevo y vivo que enseña constantemente a ampliar la mirada** y ver desde otra perspectiva la vida. La persona es humana cuando el amor está en el fondo de todas sus decisiones y actuaciones, incluida la relación con sus enemigos. El amor ayuda a descubrir y respetar la dignidad humana incluso del enemigo, por muy deformada que pueda parecernos a simple vista.

En este fragmento del Evangelio de san Mateo (Mt 5,38-48) Jesús nos invita a enfocar con una perspectiva transformadora las relaciones humanas.

Jesús dice:

Habéis oído que se dijo: «Ojo por ojo, diente por diente». Pues yo os digo: no hagáis frente al que os agravia. Al contrario, si uno te abofetea en la mejilla derecha, preséntale la otra; al que quiera ponerte pleito para quitarte la túnica, dale también la capa; a quien te requiera para caminar una milla, acompáñale dos; a quien te pide, dale, y al que te pide prestado, no lo rehúyas.

Habéis oído que se dijo: «Amarás a tu prójimo» y aborrecerás a tu enemigo. Pero yo os digo: Amad a vuestros enemigos y rezad por los que os persiguen, para que seáis hijos de vuestro Padre celestial, que hace salir su sol sobre malos y buenos, y manda la lluvia a justos e injustos. Porque, si amáis a los que os aman, ¿qué premio tendréis? ¿No hacen lo mismo también los publicanos? Y, si saludáis solo a vuestros hermanos, ¿qué hacéis de extraordinario? ¿No hacen lo mismo también los gentiles? Por tanto, sed perfectos, como vuestro Padre celestial es perfecto.

Inspiración IN & OUT

9 Después de leer la cita bíblica con atención, contesta a las siguientes preguntas.

- ¿Qué consecuencias tiene vivir desde la perspectiva del «ojo por ojo, diente por diente»?
- ¿Qué pasaría si aplicásemos en nuestras vidas esta enseñanza evangélica: «amad a vuestros enemigos y rezad por los que os persiguen»?
- ¿Conoces a alguien que haya puesto en práctica esta enseñanza? ¿Qué consecuencias ha tenido?

Entreno IN & OUT C

1 **Analizo.** Piensa en algún conflicto que hayas tenido recientemente con alguien y describe cómo te sentiste.

2 **Me pregunto.** ¿Cuál era el punto de vista de la otra persona? ¿Cómo se sintió?

3 **Reflexiono.** ¿Eres capaz ahora de comprender mejor a la otra parte? ¿Esta nueva perspectiva te hubiera ayudado entonces a actuar de otro modo?

4 **Transformamos.** La perspectiva puede convertirse en una actitud transformadora de la realidad, pues nos ayuda a comprender mejor el mundo y a los demás. Reflexiona:

- ¿Qué posibles soluciones pueden tener las necesidades de nuestro entorno?
- ¿Qué podemos hacer nosotros?
- ¿Quién nos puede ayudar a mejorar estas situaciones?

3 EL CUIDADO DE LA CASA COMÚN

3.1 DESAFÍO AMBIENTAL

El cambio climático es el gran desafío ambiental al que nos enfrentamos en la actualidad. Además de producir daños irreversibles en los ecosistemas naturales, el cambio climático provoca crisis alimentarias, guerras territoriales y el aumento del número de personas que sufren una pobreza extrema. Todo ello provoca que miles de personas se vean obligadas a abandonar sus hogares y a desplazarse a otros lugares del planeta.

El cambio climático engloba una serie de inconvenientes medioambientales, cuyas causas y consecuencias están relacionadas entre sí y afectan directamente a nuestra salud y bienestar.

Falta de agua | Pérdida de la biodiversidad | Contaminación | Agotamiento de los recursos naturales

El medioambiente es un bien colectivo, patrimonio de toda la humanidad y responsabilidad de todos y no solo de los dirigentes de los distintos países. En este sentido, el relato de la Creación es esencial para reflexionar sobre la relación entre el ser humano y las demás criaturas, y sobre cómo **la explotación salvaje de la naturaleza rompe el equilibrio de toda la Creación** en su conjunto.

La armonía entre el Creador, la humanidad y todo lo creado ha sido destruida por haber pretendido ocupar el lugar de Dios, negándonos a reconocernos como criaturas limitadas. No somos Dios. La Tierra nos precede y nos ha sido dada. El relato de la Creación presente en el libro del Génesis invita al ser humano a «guardar y cultivar» el jardín del mundo (Gén 2,15):

- *Guardar* significa 'proteger, custodiar, preservar'.
- *Cultivar* significa 'labrar, arar, trabajar'.

Esto implica una **relación de reciprocidad responsable entre el ser humano y la naturaleza.** Cada comunidad puede tomar de la bondad de la Tierra lo que necesita para su supervivencia, pero también tiene el deber de protegerla y de garantizar la continuidad de su fertilidad para las generaciones futuras. Esta responsabilidad ante una Tierra que es de Dios implica que el ser humano, dotado de inteligencia, tiene que saber respetar las leyes de la naturaleza y los delicados equilibrios entre los seres de este mundo. Todo está conectado.

3.2 CONVERSIÓN ECOLÓGICA

Con la encíclica *Laudato si*, el papa Francisco trata un tema de máxima importancia: el cuidado de nuestra casa común, es decir, el cuidado de la Creación. El Papa habla de una ecología integral, un nuevo paradigma de justicia, una ecología que tiene en cuenta el lugar peculiar del ser humano en el mundo y las relaciones con la realidad que le rodea. La naturaleza no es algo separado de nosotros o un mero marco de nuestra vida. De hecho, la ecología, afirma la encíclica, es inseparable del bien común, lo cual implica tomar decisiones solidarias basadas en una opción preferencial por los más pobres.

La crisis ecológica es un llamado a una profunda conversión interior. Se trata de cambiar desde dentro, desde el corazón. Sin embargo, no basta con que cada uno sea mejor para resolver una situación tan compleja. A problemas sociales se responde con redes comunitarias, no con la mera suma de bienes individuales. **La conversión ecológica que se requiere para crear un dinamismo de cambio duradero es también una conversión comunitaria.**

Objetivos de Desarrollo Sostenible (ODS)

El 25 de septiembre de 2015, los líderes mundiales adoptaron un conjunto de objetivos globales para erradicar la pobreza, proteger el planeta y asegurar la prosperidad para todos como parte de una nueva agenda de desarrollo sostenible. Cada objetivo tiene metas específicas que deben alcanzarse en los próximos 15 años.

OBJETIVOS DE DESARROLLO SOSTENIBLE

> «Muchas cosas tienen que reorientar su rumbo, pero ante todo la humanidad necesita cambiar. Hace falta la conciencia de un origen común, de una pertenencia mutua y de un futuro compartido por todos. Esta conciencia básica permitiría el desarrollo de nuevas convicciones, actitudes y formas de vida. Se destaca así un gran desafío cultural, espiritual y educativo que supondrá largos procesos de regeneración».
>
> LS 202

#enseñanzadelaiglesia

La encíclica *Laudato si* es la segunda encíclica del papa Francisco y fue publicada en Roma el 24 de mayo de 2015. Toma su nombre del Cántico de las criaturas compuesto por san Francisco de Asís (siglo XIII) y que comienza con las palabras «Laudato si', mi' Signore» (Alabado seas, mi Señor). En él se recuerda la grandeza y la belleza de toda la Creación, que debe ser cuidada y respetada por las personas, y de la Tierra que «es una hermana con la que compartimos la existencia, y como una madre bella que nos acoge entre sus brazos».

LS 1

Investigación y Acción OUT

10 El papa Francisco propone dialogar sobre el medioambiente en la política a nivel internacional, nacional y local. Explora en internet sobre las siguientes cuestiones:

- ¿Cuáles son los Objetivos de Desarrollo Sostenible (ODS)?
- ¿Qué relaciones encuentras entre la encíclica *Laudato si* y los ODS?
- ¿Qué entidades sociales o instituciones de tu entorno están trabajando por un desarrollo sostenible?
- ¿Qué acciones cotidianas podemos realizar para contribuir al bien común?

PRÁCTICA

02 EL MENSAJE DE LA CREACIÓN

1 Inteligencias múltiples

1 Inteligencia lingüístico-verbal

- Elabora un relato de la Creación actualizado que una ambas perspectivas (ciencia y fe), relacionando estos dos grandes enfoques:
  - **a.** Las teorías científicas actuales sobre el origen del universo y la vida.
  - **b.** El mensaje del primer capítulo del libro del Génesis.

2 Inteligencia lógico-matemática

- El pez formaba parte de un lenguaje secreto entre los primeros cristianos. En grupos de cuatro escribid un mensaje de contenido cristiano y convertid ese mensaje a un lenguaje secreto que os inventéis (podéis usar letras, números, símbolos...). El resto de los compañeros de la clase tienen que intentar descubrir el mensaje oculto.

3 Inteligencia visual-espacial

- A lo largo de los siglos, muchos artistas han plasmado en sus obras de arte la creación del mundo por Dios. Busca dos obras de diferentes autores sobre la creación del mundo e investiga qué quiere expresar el autor con su obra.

4 Inteligencia cinestésica-corporal

- Hay mensajes importantes que no podemos escuchar con nuestros oídos y hay realidades valiosísimas que no podemos ver con nuestros ojos. En estos casos, nos encontramos con la limitación de nuestro cuerpo y nuestros sentidos. Piensa en dos realidades que se «escapan» de tus sentidos y, utilizando solo tu cuerpo, intenta comunicarlas a un compañero de clase.

5 Inteligencia musical

- Siguiendo el relato del Génesis de la creación del mundo en siete días, elabora una tabla en la que recojas lo que Dios crea por días e ilustra cada día con un sonido.

6 Inteligencia naturalista

- En grupos de cuatro, elegid uno de los problemas ecológicos más urgentes a los que nos enfrentamos en este siglo y diseñad una solución para ese problema. Exponed al resto de compañeros vuestra solución.

7 Inteligencia intrapersonal

- Piensa en alguna pregunta cuya respuesta no tengas clara y entre en contradicción con lo que te respondes por la fe y a lo que entiendes con la razón.
- ¿Se te ocurre alguna forma de conciliar estas respuestas aparentemente contradictorias?

8 Inteligencia interpersonal

- Poned en común entre toda la clase las obras de arte que habéis seleccionado sobre la creación del mundo en la actividad 3.
- Recortad los elementos que os parezcan más interesantes de cada obra de arte, y con esos fragmentos elaborad entre todos un *collage* sobre la creación del mundo. ¡Será una auténtica obra de arte!

2 Metacognición

9 Analizo y reflexiono sobre lo aprendido en esta unidad.

1. ¿Qué he hecho y qué he aprendido?
2. ¿Cómo lo he aprendido?
3. ¿Qué me ha resultado más fácil? ¿Y más difícil?
4. ¿Para qué me ha servido lo que he aprendido?
5. ¿En qué ocasiones voy a utilizar lo que he aprendido?

3 Resumen visual

03 EL MENSAJE DE DIOS EN LA HISTORIA

BUSQUÉ OÍR LA VOZ DE DIOS
Y SUBÍ AL CAMPANARIO MÁS ALTO,
PERO DIOS ME DIJO:
desciende
de nuevo,
yo habito
entre
el PUEBLO

JOHN HENRY NEWMAN

CONOCER

NECESITAS SABER

¿Te has parado a pensar alguna vez cómo surgen los distintos pueblos? En esta unidad descubrirás la apasionante historia del pueblo de Israel. En esta historia, los datos y las fechas no son lo más importantes, sino la experiencia que los hombres y las mujeres van teniendo de Dios. ¿Hablamos de un pueblo situado en un único lugar geográfico a lo largo de su historia? ¿Qué hace a un pueblo ser pueblo?

ANALIZAR

EMOCIONANTE

La gran experiencia del pueblo de Israel es que Dios habla en su historia. ¿Alguna vez te has parado a pensar cómo Dios habla en tu propia historia personal? ¿Crees que es posible leer los acontecimientos históricos en clave de fe? ¿Dónde podemos escuchar la voz de Dios? ¿Quién te habla de Dios? En esta unidad descubrirás que la historia de Israel es una historia de amor entre Dios y su pueblo.

INVESTIGAR

PREOCUPANTE

Conocerás a los protagonistas de la historia de Israel. ¿Sabes lo que es un patriarca? ¿Conoces la función y el sentido de un profeta? Hoy existen los jueces, ¿pero sabes qué es un juez para los israelitas? ¿Su organización política siempre fue una monarquía? ¿Quién crees que puede ser el personaje clave en la historia de Israel? ¿Tiene esta larga historia un final feliz?

CREAR

SUGERENCIAS PARA AVANZAR

¿Tiene sentido estudiar y conocer la historia de un pueblo tan antiguo como es el pueblo de Israel? ¿Es necesario recurrir a fuentes históricas y bíblicas para conocer mejor esta historia y dotarla de veracidad? ¿Aporta algo a nuestra vida cristiana hoy conocer lo que se narra en el Antiguo Testamento? Vas a descubrir que los cristianos somos herederos de esta bella historia.

1 LOS ORÍGENES: LA ÉPOCA PATRIARCAL

1.1 DESDE LA HISTORIA

El origen del pueblo de Israel es remoto: se trata de la Edad del Bronce Medio. Es una época en la que no existe ningún pueblo de Israel, sino una serie de tribus que se dedican al pastoreo trashumante. Cada tribu se une en torno al recuerdo de un antepasado común, un *patriarca,* que se convierte en un símbolo. Por ello, cada grupo tribal adora al «dios del patriarca», pues considera que **su patriarca es el punto de unión entre la tribu y la divinidad**, relación vital para que la tribu sobreviva y prospere.

1.2 DESDE UNA LECTURA BÍBLICA

Las narraciones bíblicas de Israel sobre su época tribal destacan como símbolo de su relación con Dios a los patriarcas, quienes pese a las dificultades permanecieron fieles a Yahvé. ¿Fueron personajes históricos? Es difícil demostrarlo. Lo fundamental es cómo, **al recordarles, los escritores bíblicos nos van desvelando el rostro de Dios.**

Los tres grandes patriarcas son **Abrahán, Isaac y Jacob** (cuyos hijos formarán las doce tribus de Israel).

Abrahán es el patriarca por excelencia y símbolo de la fe.

Abrahán es un anciano aposentado en la vida al que Dios le pide que deje todo y marche a una tierra nueva, donde se convertirá en padre «de una gran nación». Y, pese a todo pronóstico, Abrahán se fía. La promesa de Dios se cumple. Abrahán muestra que vivir la fe implica audacia: **«Sal de tu tierra» (Gén 12,1).** ¡Aléjate de tus seguridades! ¡Fíate!

Jacob es símbolo de entereza y perseverancia en las circunstancias más adversas.

Isaac y Rebeca tienen dos hijos gemelos: Esaú, el primogénito, y Jacob (Gén 25,19-26). Por tanto, según la tradición tribal, Esaú será el heredero. Pero la tradición bíblica va en sentido contrario: el elegido por Dios siempre es el menos importante. Rebeca urde un plan para engañar a su esposo y que traslade su bendición a Jacob (Gén 27,1-40). El relato deja claro su mensaje: Dios no se rige por las costumbres de los hombres, sino que mira la rectitud y bondad del corazón. Jacob tendrá que perseverar para conseguir lo que Dios le tenía reservado.

#etimología

testamento

Del latín *testamentum.*

En castellano, hace referencia a «última voluntad». Es la transliteración del latín *testamentum* (>*testor:* 'atestiguar, declarar, ser testigo, afirmar'), que, a su vez, traducía el griego διαθήκη ('disposición, convenio, pacto, alianza') y que a su vez traducía el hebreo *berit* ('alianza').

Investigación OUT

1 Investiga por qué se denomina a Abrahán «padre en la fe» del pueblo de Israel en los siguientes textos: Gén 12,1-7; Gén 17,1-8; Gén 22,1-18.

Gén 12-50
Segundo milenio a. C.
Tradición oral

2 EL ÉXODO DE EGIPTO

Moisés de Miguel Ángel (s. xvi), iglesia de San Pietro in Vincoli (Roma).

2.1 DESDE LA HISTORIA

Dejando a un lado sus orígenes legendarios, Israel tiene conciencia histórica de pueblo a partir de su **experiencia de liberación bajo el liderazgo de Moisés**. Un grupo de esclavos de distinto origen se unirá, más allá de los lazos de sangre, mediante la certeza de que su existencia libre se la deben a la acción de Yahvé, el Dios que se les revelará en el Sinaí.

2.2 DESDE UNA LECTURA BÍBLICA

Israel cae en la esclavitud en Egipto. Al crecer su número, el faraón ordena matar a los bebés varones. Para salvar a Moisés, su madre lo deposita en el río y la hija del faraón lo encuentra. Moisés crece en la corte faraónica hasta que, defendiendo a un esclavo judío, mata a un capataz de obra y huye al exilio. Sin embargo, su suerte vuelve a cambiar una vez que llega a Madián: se casará con Séfora y vivirá feliz.

- **La vocación de Moisés (Éx 3,1-15).** Ocurre algo que lo cambia todo: Moisés se encuentra con Dios y le envía a liberar a su pueblo.
- **La liberación (Éx 7,8-15).** El episodio de las plagas trata de mostrar, con su lenguaje legendario, que el opresor siempre cae víctima de su opresión. El faraón liberará al pueblo, pero, arrepentido, envía a su ejército tras él. Entonces, Dios salva a su pueblo separando las aguas del mar. Cuando se adentra el ejército, las aguas vuelven a su cauce sumergiéndolos. Israel nace en ese momento como verdadero pueblo: Dios ha demostrado que es el **Dios de la libertad**.
- **La alianza (Éx 19-20).** Una vez que el pueblo de Israel llega al Sinaí, Dios se le revelará de forma definitiva realizando una nueva alianza, sellada con el decálogo. Pero Israel la romperá una y otra vez y sufrirá las consecuencias. Sin embargo, Dios nunca lo abandonará y le dará una nueva oportunidad de volver a la libertad.

Recreación IN

2 Imagina que eres un esclavo que sigue a Moisés y espera llegar a la tierra prometida. Explica y justifica los sentimientos que pudo provocar el éxodo en esas personas en las diferentes situaciones.

Éxodo, Levítico, Números y Deuteronomio
1250 - 1200 a. C.
Tradición oral

#enseñanzadelaiglesia

> Moisés da la Ley en el Sinaí y Jesús, el nuevo Moisés, da la Ley en ese monte, a orillas del lago de Galilea. Las Bienaventuranzas son el camino que Dios indica como respuesta al deseo de felicidad ínsito en el hombre, y perfeccionan los mandamientos de la Antigua Alianza.
>
> PAPA FRANCISCO, Audiencia general (06/08/2014)

Lago de Galilea.

3 LA TIERRA PROMETIDA

3.1 DESDE LA HISTORIA

Históricamente, un grupo de siervos escapa de Egipto y, tras un tiempo en el desierto, se introduce en la tierra prometida. Una vez establecidos se fueron fundiendo con otros grupos familiares hasta conformar un número indeterminado de **tribus que se reconocen en torno al culto a Yahvé.** Se asentarán en la montaña central de Canaán y vivirán del ganado y la agricultura. Su sociedad es igualitaria y solo son necesarios unos líderes puntuales para defenderse de los enemigos, los filisteos. Estos líderes serán los jueces.

Libro de los Jueces

La idea principal del libro de los Jueces es que el poder procede de Dios y les es dado para usarlo en orden a la libertad de su pueblo. Si lo usan en su propio beneficio, sufrirán las consecuencias.

3.2 DESDE UNA LECTURA BÍBLICA

Tras Moisés, Josué es el líder que guiará al pueblo en su establecimiento en Canaán. Una vez establecidos en el territorio, **la amenaza filistea hará que Dios suscite,** para salvar a su pueblo, **la figura de los jueces.**

Sansón (Jue 13-16) nace de una madre estéril que, agradecida, consagra su hijo a Dios. Su cabello será el símbolo de unión con Dios y la fuente de su fuerza descomunal; por ello, no debe cortarlo. Con ese don y fiel a Dios, Sansón mantendrá a raya a los filisteos. Para acabar con él envían a una espía (Dalila), que seducirá a Sansón para hacerse con su secreto. Los filisteos le cortan el pelo y Sansón, que ha traicionado a Dios, pierde su fuerza y es apresado. Dios le perdonará y recobrará su pelo y, con él, su fuerza. Y, en una escena apoteósica, Sansón, ciego, empuja los pilares del templo a los que le han atado y derriba los muros sobre sus enemigos.

Investigación y Creación IN & OUT

3 Dibuja una imagen simbólica que refleje esta etapa.

4 Busca en el libro de los Jueces del AT el nombre de cinco jueces de Israel.

Libro de los Jueces
1200 - 1030 a. C.
Tradición oral

#interdisciplinar

La Geografía (*geo*, 'Tierra' y *grafía*, 'descripción') es la ciencia que estudia el entorno terrestre y sus diversas interacciones. La Geografía bíblica estudia el entorno físico donde aconteció la *historia de la salvación*, es decir, todo el territorio del Próximo Oriente Antiguo que constituye el camino que Dios comenzó a recorrer con la humanidad y que se narra en las Sagradas Escrituras.

Monte Tabor.

4 LA MONARQUÍA

David de Miguel Ángel (s. XVI), Galería de la Academia (Florencia).

4.1 DESDE LA HISTORIA

Las tribus israelitas se unen bajo una incipiente monarquía que buscará ampliar el poder de Israel y asentarlo como **reino en las tierras de Canaán.**

Tres símbolos

La experiencia de Dios con su pueblo se hace visible en esta época en tres símbolos: una tierra unida, un rey y un templo.

4.2 DESDE UNA LECTURA BÍBLICA

La historia de la monarquía se narra en los **libros de Samuel y Reyes.** No son libros historiográficos: su objetivo no es tanto relatar lo que sucedió, sino lo que significó desde la fe. Es una lectura creyente de los acontecimientos, que busca en la historia el rostro de Dios.

David (1 Sam 16,11ss.) es un joven pastor de Belén, confiado en Dios, que se enfrenta a los filisteos (Goliat) y vence. David será ungido como el rey por excelencia de Israel. Conquistará Jerusalén y la convertirá en su capital.

Salomón (1 Re 1,38-40; 3-11) es hijo de David y modelo máximo de sabiduría. Edificará el templo de Jerusalén. Solo allí habitará Yahvé y solo allí se le podrán ofrecer sacrificios. Salomón acabará pecando: permitirá el culto a otros dioses, olvidando a Yahvé. Y sufrirá las consecuencias de sus actos: tras su reinado se irán rompiendo sucesivamente el trono, la tierra y el templo.

Observación e Investigación OUT

5 Observa el *David* de Miguel Ángel e investiga sobre esta obra de arte. Describe el momento exacto de la historia de David que refleja el autor con esta obra.

David (1 Sam 16 - 1 Re 1) y Salomón (1 Re 1-11)
1030 - 931 a. C.
Primeras redacciones del Pentateuco

#símbolo

La estrella de David es un símbolo compuesto por dos triángulos equiláteros entrelazados que forman una estrella de seis puntas y un hexágono en el centro. Es un símbolo de la religión judía. Los dos triángulos expresan la íntima relación que existe entre Dios y la humanidad, evocando el pacto sellado entre Dios y Abrahán (Gén 17,4-10).

Investigación OUT C

6 ¿Has visto en algún sitio la estrella de David? Investiga si en tu ciudad está representado este símbolo.

- ¿Cuál es el motivo de su representación?

#STORY

RUT

En esta *story* vas a conocer a una mujer y su historia de amor. Es una historia que habla de fidelidad, de confianza, de trabajo, de generosidad, de humildad, de Dios... Con Rut aprendemos a **vivir desde la fidelidad y desde el amor.** A pesar de los siglos, la historia de Rut podría ser una historia de absoluta actualidad.

Nos situamos en la época de los jueces. Una familia israelita formada por Noemí, su marido y sus dos hijos tiene que emigrar de Belén a la tierra de Moab, porque había poco alimento en Israel. En esta nueva tierra los hijos de Noemí se casan con dos mujeres de Moab: Orfá y Rut. La tristeza llega a esta familia cuando el marido de Noemí y los hijos mueren, quedándose solas las tres mujeres.

Ante esta nueva situación, Noemí decide regresar a Belén, su tierra natal. Rut y Orfá no quieren separarse de ella y emprenden el viaje para acompañar a su suegra. En mitad del camino Noemí pide a las dos mujeres que se vuelvan a su hogar, con sus familias. Orfá así lo hace, se despide de ellas y vuelve a su tierra. Sin embargo, Rut, valiente y fiel, responde a su suegra con unas bellas palabras que muestran su propósito de acompañarla hasta el final.

> «No insistas en que vuelva y te abandone. Iré adonde tú vayas, viviré donde tú vivas; tu pueblo será mi pueblo y tu Dios será mi Dios; moriré donde tú mueras, y allí me enterrarán. Juro ante el Señor que solo la muerte podrá separarnos».
>
> Rut 1,16-17

Rut es una antecesora de Jesús y será citada en la genealogía de Cristo por el evangelista Mateo (Mt 1,5).

Las dos mujeres llegan a Belén y Rut empieza a trabajar recogiendo cebada en los campos. Rut, que es mujer extranjera y viuda, será cuestionada por las personas de aquel lugar. Allí conoce a Booz, propietario del campo donde trabaja, con quien se casará y tendrá un hijo llamado Obed. Noemí y Rut finalmente serán felices y sentirán que han sido bendecidas por el amor de Dios. Por la lealtad a su suegra y a su nueva familia, Rut se convierte en parte de la familia de Dios.

Obed será el padre de Jesé, que a su vez será el padre del rey David. Por tanto, Rut será la bisabuela de David.

Miniatura de Rut y Noemí en el campo de Booz, siglo XIV.

La historia de Rut, Thomas Matthews Rooke.

Investigación IN & OUT

7 Rut es una mujer viuda y extranjera. ¿Qué significaba en aquella época y en la cultura judía ser viuda (Rut 1,8-9) y ser extranjera (Rut 2,10)?

- Ponte en su lugar. ¿Cómo habrías actuado tú?

#FORTALEZA PERSONAL

EL AMOR

El amor es la fortaleza interpersonal que implica la capacidad de amar y ser amado. Nos permite tener profundas y valiosas relaciones con otras personas. Se consigue valorando las relaciones cercanas con otros seres humanos, facilitando el afecto y el cuidado mutuo. No se refiere a la noción de romanticismo de pareja, se trata de sentirse cercano y unido (religado) a otra persona de forma que ella también se sienta así respecto a nosotros.

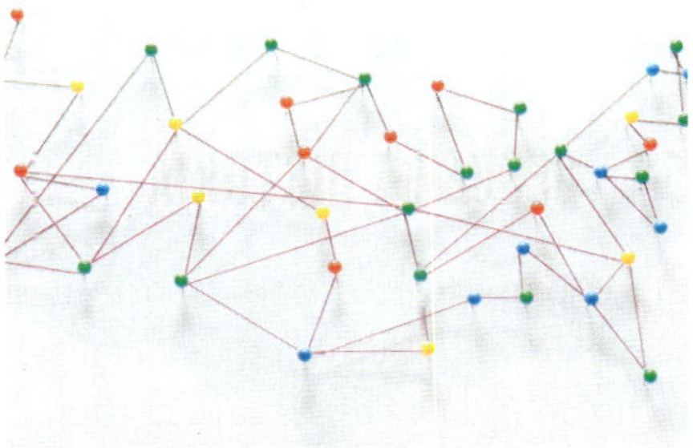

A LA LUZ DE LA PALABRA

La Biblia recoge cómo Dios se da a conocer a través de las experiencias históricas de Israel y de las primeras comunidades de la Iglesia. San Bernardo (1090-1153) ofrece una clave para entender esto: el concepto bíblico de «alianza» más que un pacto (entre Dios y su pueblo) es una historia de amor.

En los siguientes versículos se nos narra el amor que muestra Dios por su pueblo, por la humanidad.

> ¿Puede una madre olvidar al niño que amamanta, no tener compasión del hijo de sus entrañas? Pues, aunque ella se olvidara, yo no te olvidaré.
>
> Is 49,15

> Con lazos humanos los atraje, con vínculos de amor. Fui para ellos como quien alza un niño hasta sus mejillas.
>
> Os 11,4

> Me desposaré contigo para siempre, me desposaré contigo en justicia y en derecho, en misericordia y en ternura, me desposaré contigo en fidelidad.
>
> Os 2,21-22

Investigación e Inspiración IN & OUT C

8 Investiga sobre los personajes que aparecen en las citas: quiénes son, a qué época de la historia de Israel pertenecen y por qué son importantes.

- Después, pon un título a cada una de las citas.

Entreno IN & OUT C

1 **Pienso.** ¿Qué es el amor? ¿Qué importancia tiene en nuestras vidas?

- Piensa en las personas más cercanas a ti. ¿Qué te aportan? ¿Y tú qué les das?

2 **Reflexiono.** ¿Qué sucedería en un mundo dominado por el egoísmo? ¿Y en un mundo impulsado por el amor?

- ¿Tiene el amor un poder transformador?

3 **Transformamos.** En ocasiones, los conflictos se enquistan porque no sabemos ver lo que la otra persona necesita. El enfado y la agresividad son expresiones de la impotencia de alguien ante una necesidad no atendida. El amor nos capacita para proyectar una mirada diferente hacia los demás, superando barreras e identificando sentimientos y necesidades. ¿Podrías poner ejemplos de cómo el amor puede transformar una realidad difícil y dolorosa?

- ¿Qué acciones propondrías para cultivar el amor en el mundo?

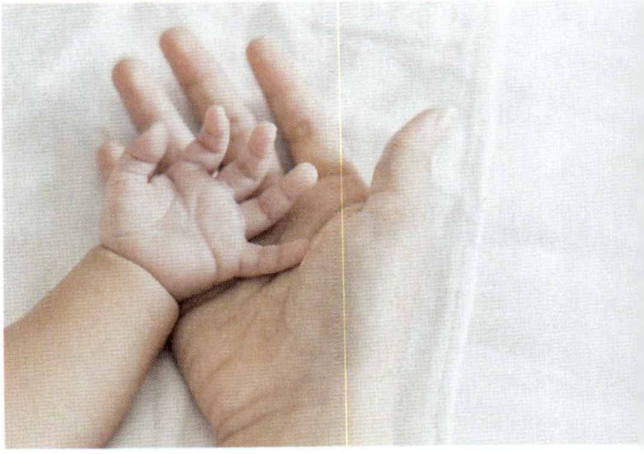

5 LA DIVISIÓN DEL REINO Y LOS PROFETAS

5.1 DESDE LA HISTORIA

El reino unido de Israel se parte en dos debido a tensiones internas. En el norte surge el reino de Israel y su capital será Samaría. En el sur se establecerá el reino de Judá y conservará la capital: Jerusalén.

La división en dos reinos debilita al antiguo Israel frente a sus enemigos. Primero será Asiria, que acabará con el reino de Israel en el año 721 a. C.; después será Babilonia, que destruirá el reino de Judá en el año 587 a. C. y deportará a sus élites a Babilonia.

5.2 DESDE UNA LECTURA BÍBLICA

Con dos reinos hay dos cortes reales que mantener. Empieza a surgir una nueva aristocracia religiosa y política que recibirá privilegios de parte del rey. Se multiplican los impuestos y las tierras se acumulan en manos de pocos. Los campesinos dejan de ser propietarios de la tierra y se convierten en siervos de otros. Los dos reinos olvidan la alianza con el Dios de la libertad: los liberados se convierten en opresores de su propio pueblo.

Dios no puede permitirlo e inspira, en este momento de la historia de Israel, a una serie de **personajes que hablarán en su nombre: los profetas**.

> Un **profeta** es una persona que, en nombre del Dios de la libertad, denuncia la injusticia y anuncia que hay otra forma de organizarse, que es posible otro mundo.

Amós (libro de Amós) fue el primero de los grandes profetas de esta época. Era «cultivador de higos» en Judá, pero Dios lo envió a predicar al reino del norte para denunciar ante el rey la injusticia con los más pobres.

Jeremías (libro de Jeremías) es el profeta del reino de Judá experto en realizar actos proféticos: representaciones que llamaban la atención de sus coetáneos hacia un cambio de vida. A pesar de su predicación, Judá olvidó al Dios de la libertad y se fio de los imperios del momento.

Investigación e Inspiración OUT

9 Investiga sobre los actos proféticos de Jeremías en los siguientes pasajes: Jer 16, 1-9 y Jer 27,1-12. A continuación, trata de describirlos en una imagen.

La reforma de Josías (2 Crón 34)

El rey Josías, viendo lo sucedido en el reino del norte, encabeza una reforma en el reino de Judá: instaura una serie de medidas contra la falsa religiosidad e instituye el jubileo (Lev 25,8-17).

Mapa de la división de los reinos.

Caída del reino de Israel (2 Re 17,1-23); caída del reino de Judá (2 Re 25,1-21); Josías (2 Re 22,1-23,25); Jeremías (libro de Jeremías); Oseas (libro de Oseas).

931 - 721 a. C. (reino de Israel)

931 - 587 a. C. (reino de Judá)

Deuteronomio, libros proféticos y nuevas redacciones del Pentateuco

6 EL EXILIO Y EL RETORNO

6.1 DESDE LA HISTORIA

Después del reino de Israel, también el reino de Judá desaparece. Sus élites político-religiosas están esclavizadas en Babilonia. Pero será precisamente allí, en el momento más oscuro de su historia, donde **renazca renovado el pueblo de Dios.**

El año 539 a. C. Babilonia quedó derrotada ante el avance del imperio persa, con Ciro el Grande a la cabeza. Mediante un edicto imperial (Esd 1,1-4) Ciro permite que la mayoría de los judíos exiliados en Babilonia puedan volver a Judea, la tierra nuevamente prometida. Allí les espera un duro trabajo, bajo la vigilancia persa, para reconstruir Jerusalén (la ciudad y el templo) y para dotarse de **una nueva autoridad,** que ya no será humana, será **la Torah, la ley de Dios.**

Profeta Ezequiel, columna de Plaza España (Roma).

6.2 DESDE UNA LECTURA DE BÍBLICA

El exilio supone una dura prueba para el pueblo judío: otra vez conocen la esclavitud, como en los tiempos de Egipto. Los judíos están derrotados, necesitan esperanza y Ezequiel les recuerda que, pese a sus traiciones, Dios se ha mantenido fiel y nunca les ha olvidado. **El Dios de la libertad les volverá a sacar de su opresión,** solo tienen que confiar.

La alegría de la vuelta a casa es inmensa, pero allí descubren que Jerusalén y su templo han quedado reducidos a ruinas. En ese momento, Dios suscita nuevos líderes para que Israel reconstruya su identidad. No es ya la época de los profetas, sino de líderes sabios que encaucen la vida del pueblo de Dios. Es la **época de la sabiduría.** Los grandes líderes de la época son el gobernador Nehemías (siglo V a. C.) y el sacerdote Esdras (siglo IV a. C.). Entre los dos dan a Israel nuevas bases para volver a vivir.

- **Nehemías** reconstruye las murallas de Jerusalén, el templo y repuebla la ciudad, convirtiéndola nuevamente en capital del pueblo de Israel (Esd 3,1-13).
- **Esdras** recopila en cinco libros todo lo que los escribas habían recibido de la historia religiosa de Israel. Esta Torah será la nueva y definitiva autoridad en Israel que todos habrán de aceptar y cumplir.

Libros de Nehemías y Esdras
Exilio: 587 - 538 a. C.
Retorno: 538 - 333 a. C.
Exilio: Ezequiel, nueva redacción del Pentateuco, Levítico y 2º Isaías
Retorno: Esdras y Nehemías, fin del Pentateuco, Crónicas, libros sapienciales, Rut, Jonás y Proverbios

Reflexión OUT

10 El profeta Ezequiel se especializó en una nueva forma de impactar con su mensaje a la gente: las visiones. Lee el pasaje Ez 37,1-14 y trata de relacionar esta visión del profeta con las vivencias históricas del pueblo de Israel en esta etapa.

PRÁCTICA

03 EL MENSAJE DE DIOS EN LA HISTORIA

1 Inteligencias múltiples

En esta unidad has aprendido la apasionante historia del pueblo de Israel, no olvides que los cristianos somos herederos de esta historia. Para concluir, harás un cómic en el que recojas las ideas fundamentales y trabajes todas tus inteligencias.

1 Inteligencia lingüístico-verbal

- Lo primero que tendrás que hacer es poner un título a este cómic que resumirá la historia de Israel. Una vez que conoces y has entendido esta historia, ¿cómo la titularías?

2 Inteligencia lógico-matemática

- Divide el folio es seis viñetas que corresponderán a las seis etapas de la historia de Israel. Pon el título a cada viñeta ordenadas por orden cronológico y señala en negro la cronología de cada etapa (éxodo, monarquía, época patriarcal, división del reino, tierra prometida, exilio y retorno).
- A lo largo de esta unidad han ido apareciendo muchos personajes que protagonizan la historia. Escribe en cada viñeta en color azul los personajes bíblicos más importantes de cada época (Abrahán, Jueces, Esdras, Amós, Isaac, Rut, David, Jeremías, Nehemías, Jacob, Moisés, Josué, Salomón, Josías).

3 Inteligencia lingüístico-verbal

- En cada viñeta escribe en color verde una frase que resuma el sentido de ese periodo histórico. Hazlo a modo de titular, por ejemplo: *Divide y no vencerás* o *¡Por fin somos un pueblo!* Atrévete a ser creativo.

4 Inteligencia visual-espacial

- En cada viñeta haz un dibujo en el que reflejes, esta vez de forma visual, cada época.
- Dios siempre acompaña a su pueblo, pero en cada momento histórico los hombres y mujeres de la época tienen una experiencia de Dios diferente. En cada una de las viñetas y en color rojo escribe la experiencia de Dios que el pueblo de Israel tiene en las diferentes etapas. Intenta meterte en la piel de los personajes y añade un emoticono que refleje el sentimiento hacia Dios de cada época: esperanza, tristeza, preocupación...

5 Inteligencia intrapersonal

- Finalmente, de manera visual, destaca la viñeta correspondiente a la parte de la historia del pueblo de Israel que más te ha llamado la atención.

6 Inteligencia interpersonal

- Cuando hayas terminado tu cómic tendrás que evaluar el de otra persona, y esa persona hará lo mismo con el tuyo. Atiende a esto para que tu evaluación sea provechosa.

a. ¿Es correcto el orden cronológico de las seis etapas?

b. ¿Los personajes están bien situados en su época?

c. ¿Los dibujos reflejan la esencia fundamental de los diferentes periodos?

d. ¿Se distinguen las distintas experiencias de Dios a lo largo de las viñetas?

2 Metacognición

7 Analizo y reflexiono sobre lo aprendido en esta unidad.

1. ¿Qué he hecho y qué he aprendido?
2. ¿Cómo lo he aprendido?
3. ¿Qué me ha resultado más fácil? ¿Y más difícil?
4. ¿Para qué me ha servido lo que he aprendido?
5. ¿En qué ocasiones voy a utilizar lo que he aprendido?

3 Resumen visual

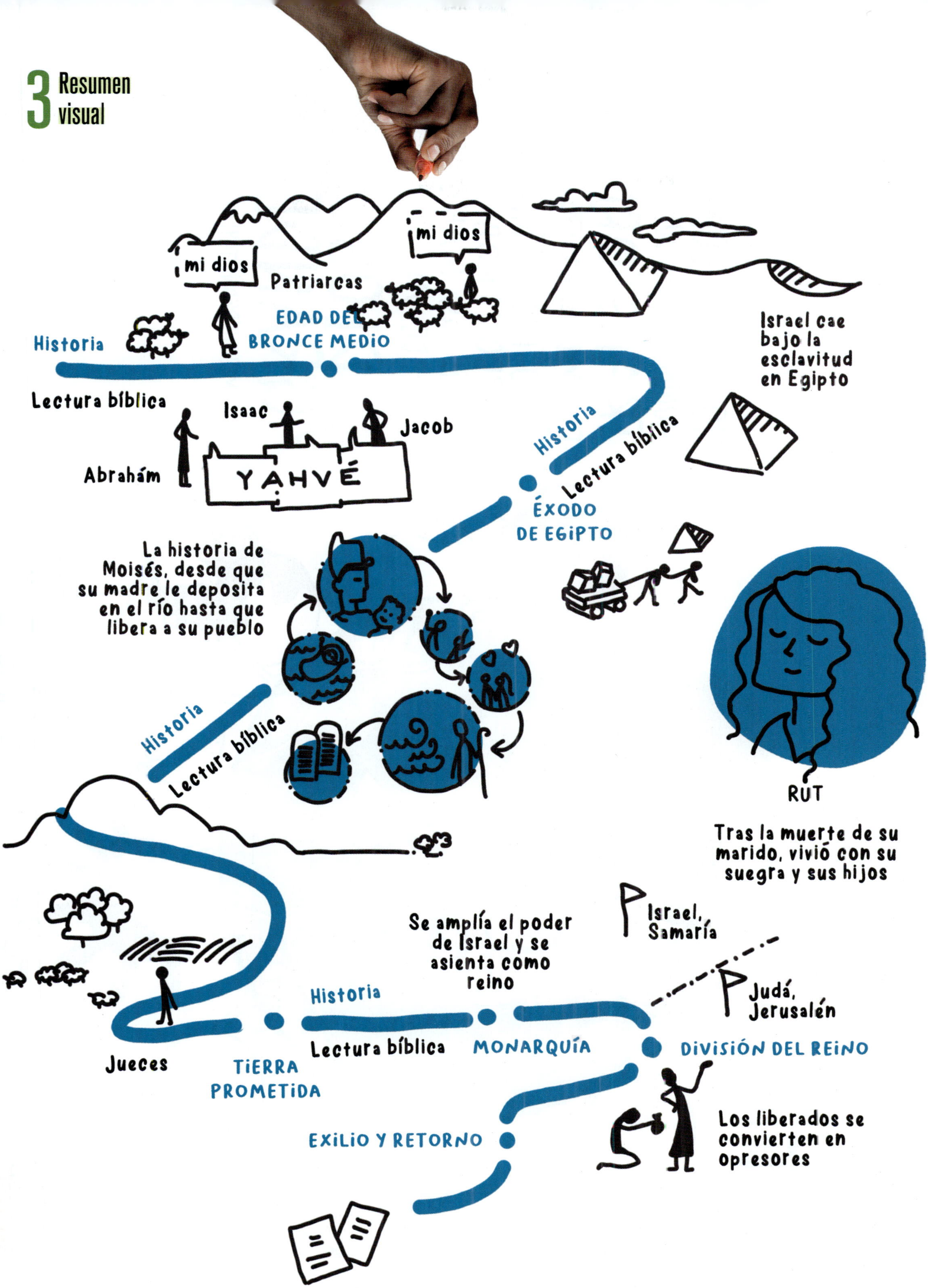

04 LOS MENSAJEROS DE DIOS

NO SON LOS GRANDES
HOMBRES LOS QUE
TRANSFORMAN
EL *mundo*
SINO LOS DÉBILES
Y PEQUEÑOS
EN LAS MANOS
DE UN
DIOS
GRANDE

JAMES HUDSON TAYLOR

CO NO CER

NECESITAS SABER

A Dios nadie le ha visto nunca. ¿Cómo podemos conocer a Dios? ¿El Dios del que se habla en el Antiguo Testamento y del que habla Jesús en el Nuevo Testamento es el mismo? ¿Qué medios ha usado Dios para darse a conocer? ¿Cuál es el modo de comunicarse de Dios? Decimos que la Biblia es Palabra de Dios. ¿Esto quiere decir que lo que se recoge en este libro lo ha dictado Dios y los hombres lo han escrito tal cual?

ANA LI ZAR

EMOCIONANTE

El encuentro del ser humano con Dios es un encuentro emocionante que te llena de felicidad y te plenifica. Dice san Pablo que muchas veces y de muchas maneras habló Dios. ¿Pero habla de cualquier modo? ¿Habla a cualquiera? ¿Habla en cualquier lugar? ¿Tiene que ser necesariamente en una iglesia? ¿Tengo que ser especial o tener alguna capacidad específica para escuchar la voz de Dios?

IN VESTI GAR

PREOCUPANTE

Podemos conocer cosas sobre Dios, pero ¿podemos conocer a Dios? Dios se ha revelado, es decir, se ha dado a conocer. Hay personas que nos muestran el rostro de Dios. ¿Conoces la historia de Abrahán? ¿Sabes qué le pide Dios y qué responde él? ¿Y la historia de Jonás? Dios se ha manifestado en ciertos lugares. ¿Sabes dónde están el encinar de Mambré o el monte Sinaí? ¿Sabes qué ocurrió en esos lugares?

CREAR

SUGERENCIAS PARA AVANZAR

Nos hemos creado la imagen de un Dios Padre, pero ¿por qué no un Dios Madre? ¿Has pensado alguna vez en la figura de Dios como una Madre? Los libros de la Biblia expresan la revelación de Dios como amor y hay personas enamoradas de ese Dios que es Padre y Madre. Dios llama y el ser humano responde con miedos, temores y dificultades. Ojalá descubras a ese Dios que se revela y te llama por tu nombre. No olvides que para Él nada es imposible. ¿Te atreves?

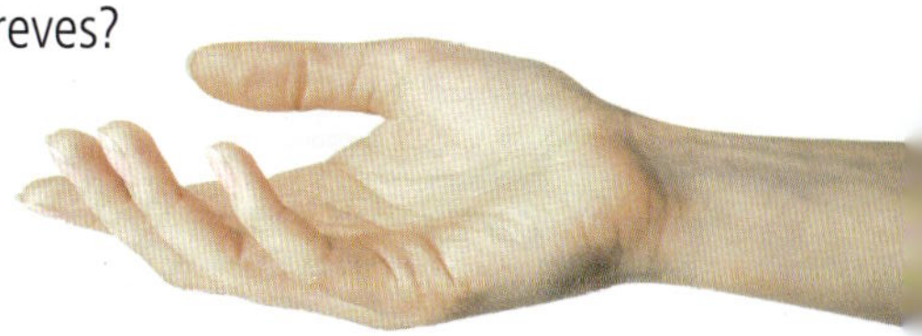

1 DIOS SE DA A CONOCER

> Desde Abrahán, la experiencia religiosa del pueblo se caracteriza por el diálogo: Dios habla y el hombre, desde su libertad, es capaz de responder.

Que Dios se da a conocer es un hecho; es lo que llamamos **revelación.** Esta revelación de Dios se conforma de hechos, de experiencias personales y comunitarias y de palabras. ¿Y por qué Dios se da a conocer? Por absoluta libertad, por amor a la humanidad, para mostrar al ser humano el sentido último de su existencia: **ser hijos de un mismo Padre y Madre.**

Inspiración OUT

1 Enumera las formas que tiene el ser humano para darse a conocer a los demás. Comparte tus conclusiones con tu grupo y haced una única lista compartida.

1.1 ¿CÓMO? LA PEDAGOGÍA DE DIOS

Dios se valió de su creatividad para darse a conocer a su pueblo, para comunicarse con él, e Israel respondió. Dios va dándose a conocer de manera progresiva, no es algo inmediato. Se da a conocer desde los patriarcas y la conciencia de Israel como pueblo elegido hasta la última y definitiva palabra de Dios en su hijo Jesús. Y cuanto más se da a conocer Dios, más estrecha es la relación con la humanidad, porque mayores son su experiencia y su conocimiento.

El Antiguo Testamento tiene como objetivo expresar la experiencia de Dios por parte de Israel, una experiencia personal que se hace comunitaria. Una experiencia que, como pueblo, vive una relación íntima con ese Dios que le acompaña, le cuida, le llama la atención, le libera y le salva.

#etimología

revelación

Del latín *revelatio.*

En griego, la palabra correspondiente a *revelación* es ἀποκάλυψις (apokálypsis), que es un vocablo compuesto de ἀπο (des-) + καλύπτω (ocultar, velar). En realidad, *apocalipsis* no significa tanto 'revelación' (en el sentido de ofrecer una información nueva) como 'desvelación' (en el sentido de poner en claro algo que estaba oculto).

En los países de habla inglesa, y en general en el protestantismo, al último libro de la Biblia lo llaman The Revelation.

Reflexión IN

2 La sensibilidad de cada ser humano hace que pueda sentir y reconocer a Dios en distintos lugares. Hay quienes reconocen a Dios en los pobres, otros lo reconocen en la grandiosidad de la naturaleza, y otros sienten que Dios se manifiesta en las palabras y las miradas del ser humano... ¿Tú dónde experimentas la presencia de Dios?

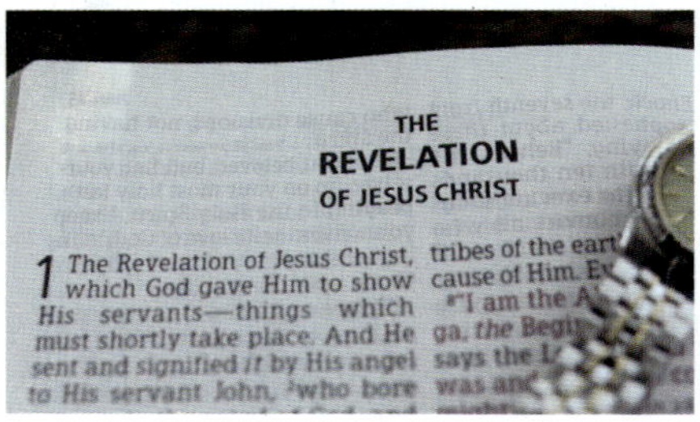

1.2 ¿DÓNDE? EN LA HISTORIA NARRADA EN LA BIBLIA

La revelación de Dios acontece en la historia. Dios se hace presente en la realidad, convirtiendo la historia de la humanidad en historia de salvación.

La experiencia de un Dios que se quiere comunicar con las personas se recoge en la Biblia. Pero ¿qué es la Biblia? La respuesta más espontánea suele ser: un libro. Nada más lejos de la realidad. La Biblia no es «un libro» sino **«una biblioteca» que cuenta con multitud de géneros literarios**. En ella encontramos: poemas (Salmos, Cantar de los Cantares), mitos (Génesis), epopeyas (Josué), refranes (Proverbios), textos jurídicos (Levítico), novelas edificantes (Jonás, Rut), etc.

El factor común en esta biblioteca es que todos sus libros, aun siendo muy diferentes en cuanto a forma y estilo, expresan el encuentro de Dios con Israel (AT) y, posteriormente, con la comunidad cristiana (NT). Los libros bíblicos ofrecen **la revelación de un Dios que se ha mostrado como Padre-Madre**, como amor. De ahí que se hable con toda propiedad de la «Palabra de Dios», con la que Él sale al encuentro de la humanidad, y de la «palabra humana», porque mediante el lenguaje humano se expresa la experiencia de ese encuentro revelador.

Investigación y Reflexión IN & OUT

3 Explica con tus palabras por qué si la Biblia ha sido escrita por personas y con palabras humanas decimos que es Palabra de Dios.

#interdisciplinar

Por **género literario** se entienden las diversas formas de expresión en las que se dividen las obras literarias y que siguen unas pautas estilísticas concretas que condicionan la compresión de la obra. Distinguimos tres grandes géneros literarios:

- **Lírico.** El modo de expresión es el verso. Es el género al que recurre el poeta para expresar sus sentimientos, estados de ánimos o emociones.
- **Narrativo.** Es el género utilizado para describir situaciones, personajes y ambientes.
- **Dramático.** Son obras escritas para ser representadas por actores. El texto está escrito en forma de diálogos entre personajes sin necesidad de narrador.

Consolidación OUT

4 Elige dos libros de la Biblia, uno de cada testamento, y descubre a qué género literario pertenecen.

Reflexión y Consolidación IN

5 Imagina que una editorial te hace el encargo de escribir una historia de amor. ¿Qué género literario elegirías? ¿Por qué?

2 POR MEDIO DE LAS PERSONAS: DIOS ES...

Dios se sirve de las personas para hacerse presente en la historia. Y para que sean conscientes del mensaje, Dios las llama por su nombre y les encarga una misión. Hay quienes le escuchan y la llevan a cabo, a pesar de las dificultades y superando miedos personales.

2.1 PROMESA Y ESPERANZA (ABRAHÁN: GÉN 17,1-8)

Abrahán (padre de muchas naciones) es el patriarca por excelencia y el símbolo de la fe del pueblo. Durante más de cuatro mil años permanece fiel a Dios. Casado con Sara, tendrán un hijo nacido milagrosamente: Isaac.

Las personas a las que Dios se presenta serán «símbolos de fe» y germen de cómo **esa fe personal se hace vida en una comunidad.** Convierten a los clanes en un pueblo que se reúne, más allá de los lazos de sangre, en torno a un Dios: el **Dios de la promesa.** Aquí comienza la verdadera historia de amor de Dios con la humanidad. Hasta ahora era Dios el protagonista (como vimos en la creación). Desde este momento, la humanidad es partícipe de Dios: Dios habla y Abrahán responde a su llamada dejando todo y saliendo a su encuentro.

Dios sellará su promesa con Abrahán a través de una alianza: **yo seré tu Dios y tú serás mi pueblo.** Y los frutos de esa alianza serán dos: la descendencia (aun siendo estéril) y la tierra (aun siendo nómadas). Y es que, para este Dios, no hay nada imposible.

2.2 LIBERTAD (MOISÉS: ÉX 3,2-12)

El Dios de la promesa de Abrahán parece que no cumple lo prometido: su pueblo está esclavo, su descendencia eliminada por el faraón y su tierra no le es propia. Es ahí cuando Dios se revela como el **Dios de la libertad.** Y lo hace a través de la figura de Moisés.

Moisés (sacado de las aguas) es considerado el personaje más importante del AT. Será a él a quien Dios le desvelará su nombre: «Yo soy el que soy» (YHWH). Moisés cumplirá la voluntad de Dios guiando a su pueblo hacia la libertad. Y en medio del desierto del Sinaí pactará, de nuevo, su alianza.

Todo empieza con una llamada (siempre es Dios quien sale al encuentro). Lo primero es presentarse: «Soy el Dios de...». No es cualquiera, es un Dios conocido, que escucha, que se emociona y que, ante la injusticia y el sufrimiento, no puede mantenerse ajeno, es un Dios que libera. Moisés, dejando sus comodidades (al igual que Abrahán), y no sin miedos y reticencias, cumple la voluntad de Dios.

Reflexión OUT C

6 Lee detenidamente Gén 17,1-8 y Éx 3,2-12 y contesta a las siguientes preguntas.

- ¿Qué pide Dios a Abrahán y qué pide a Moisés?
- ¿Qué imagen de Dios se manifiesta cuando habla a Abrahán y qué imagen cuando habla a Moisés?

2.3 PERDÓN (DAVID: 2 SAM 12-13)

Dios en David se revela como perdón. El rey David se enamora de la mujer de otro y prepara la muerte de ese hombre para poder casarse con ella. David no lo mata, pero sí lo condena a una muerte segura. Y este hecho «desagradó al Señor» (2 Sam 11,2-26).

David (amado), «el ungido», el gran rey de Israel. Tras su gran pecado (atentar contra una vida), su arrepentimiento y profunda fe en el Dios de la libertad le valió el perdón. Gobernó durante cuarenta años.

Gracias al profeta Natán, David cae en la cuenta de que **no es más que un siervo y se debe a la Ley de Dios** (2 Sam 12,1-10). David, ejemplo de rey y de creyente, reconoce el error y **asume su culpa públicamente y se arrepiente**: «He pecado contra el Señor» (2 Sam 12,13a). No tenía por qué hacerlo, pero lo hace. Y ante ese arrepentimiento verdadero, **Dios perdona** (2 Sam 12,13b) y David asume las consecuencias: «Misericordia, Dios mío, por tu bondad» (Sal 51).

2.4 COMPASIVO Y MISERICORDIOSO (LIBRO DE JONÁS)

Dios se revela como compasivo y misericordioso con su pueblo y también con los enemigos de Israel. **Dios ofrece el perdón y la salvación a toda la humanidad.**

Jonás (paloma) es un profeta. Su misión es denunciar la injusticia y anunciar que existe otra forma de relacionarnos, desde la experiencia de un Dios que es amor y libertad. Pero es presentado como el «antiprofeta»: no escucha a Dios y no es capaz de hacer su voluntad. Este Dios es sorprendente.

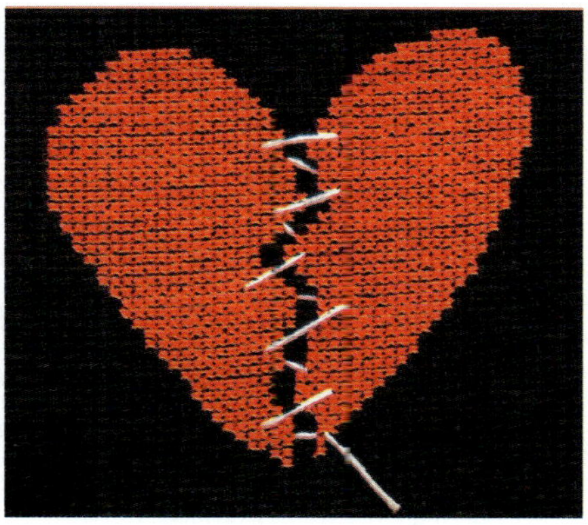

Dios envía a Jonás a predicar la conversión de Nínive (capital de Asiria). Esta ciudad era símbolo de la crueldad y la desigualdad en la época. Jonás, desoyendo a Dios, no cumple su misión porque no entiende que su Dios, el Dios de Israel, sea **compasivo y misericordioso con sus enemigos.** A la fuerza, termina haciéndolo, y los ninivitas se convierten y son perdonados. Jonás no comprendió ni aceptó esa decisión de Dios.

#enseñanzadelaiglesia

Después que Dios habló muchas veces y de muchas maneras por los Profetas, «últimamente, en estos días, nos habló por su Hijo». Pues envió a su Hijo, es decir, al Verbo eterno, que ilumina a todos los hombres, para que viviera entre ellos y les manifestara los secretos de Dios; Jesucristo, pues, el Verbo hecho carne, «hombre enviado a los hombres», «habla palabras de Dios» y lleva a cabo la obra de la salvación que el Padre le confió.

DV 14

#STORY

PAPA FRANCISCO

Tal vez el nombre de Jorge Mario Bergoglio no te resulte familiar, pero es el nombre del papa Francisco, al que seguro que conoces.

Nace en Argentina el 17 de diciembre de 1936 y trabaja como técnico químico hasta que descubre su vocación como sacerdote jesuita. Es ordenado sacerdote y, más adelante, será arzobispo de Buenos Aires y será nombrado Cardenal por Juan Pablo II.

Lo más frecuente es que un papa deje el ministerio cuando fallece, sin embargo, Benedicto XVI renuncia al cargo en 2013 y, tras celebrar un nuevo cónclave, el día 13 de marzo será elegido nuevo Vicario de Pedro, convirtiéndose en **el primer papa americano.** El nombre que toma eses Francisco, en honor a san Francisco de Asís. Es el papa número 266 en la historia de la Iglesia.

El papa Francisco, con sus gestos y palabras, ha mostrado una gran **sensibilidad por los problemas de nuestro mundo:** la pobreza, las situaciones de injusticia, la ecología, etc. Además, ha dejado claro en sus declaraciones la defensa sin condiciones de la dignidad humana, la lucha a favor de los derechos humanos y el diálogo con todos los seres humanos de diferentes razas y credos.

Es un papa cercano, de palabras sencillas y buen comunicador, que invita a vivir con alegría y esperanza. Con su **carisma, humildad y sencillez** ha conseguido ganarse el cariño, la admiración y el respeto de creyentes y no creyentes. Tanto es así que en 2013 la revista *Time* lo consideró uno de los cien líderes más influyentes del mundo.

Sus escritos durante su pontificado están siendo abundantes. Estos son los más relevantes:

- La Exhortación apostólica *Evangelii Gaudium* (La alegría del Evangelio) (2013) trata del anuncio del Evangelio en el mundo actual.
- La Carta Encíclica *Laudato Si* (2015) trata sobre el cuidado de la casa común.
- La Exhortación apostólica *Amoris Laetitia* (La alegría del amor) (2016) trata sobre el amor en la familia.
- La Exhortación apostólica *Christus vivit* (Cristo vive) (2019) está dirigida especialmente a los jóvenes y trata sobre la actualidad de Cristo en la vida de estos.

Investigación OUT C

7 Casi todos los días, las declaraciones o escritos del papa Francisco se convierten en titulares para la prensa, el papa es un gran comunicador. Busca en internet la última noticia publicada sobre el papa.

- ¿De qué noticia se trata?
- ¿En qué medio estaba recogida?

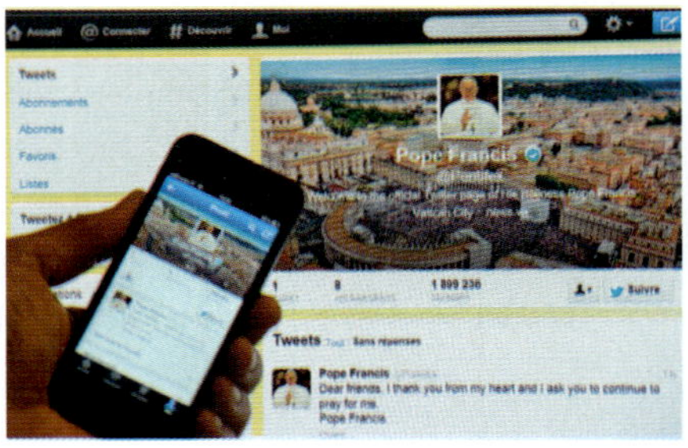

#FORTALEZA PERSONAL

EL SENTIDO DE LA JUSTICIA

El sentido de la justicia es la **capacidad de tratar a todas las personas como iguales,** evitando que los sentimientos personales influyan en las decisiones sobre otros, dando a todo el mundo las mismas oportunidades. Es una fortaleza cívica que conlleva una vida en comunidad saludable y el **principio fundamental de la coexistencia** de las personas, las comunidades y los pueblos.

Zaqueo subido a un sicomoro.

A LA LUZ DE LA PALABRA

> Las **virtudes cardinales** (del latín *cardo:* 'bisagra') son las virtudes fundamentales en torno a las cuales giran las demás (Sab 8,7). La justicia es una de ellas.

En la Biblia unas veces Dios se refiere a sí mismo como justo, y otras veces quien habla de Dios le otorga este calificativo. La novedad de la **justicia divina** es que siempre va acompañada de clemencia y misericordia (Sal 145,7-8).

En este fragmento Jesús mira con ojos de misericordia a Zaqueo y este, injusto y ladrón, recupera su dignidad al hacer justicia.

> Entró en Jericó e iba atravesando la ciudad. En esto, un hombre llamado Zaqueo, jefe de publicanos y rico, trataba de ver quién era Jesús, pero no lo lograba a causa del gentío, porque era pequeño de estatura. Corriendo más adelante, se subió a un sicomoro para verlo, porque tenía que pasar por allí. Jesús, al llegar a aquel sitio, levantó los ojos y le dijo: «Zaqueo, date prisa y baja, porque es necesario que hoy me quede en tu casa». Él se dio prisa en bajar y lo recibió muy contento. Al ver esto, todos murmuraban diciendo: «Ha entrado a hospedarse en casa de un pecador». Pero Zaqueo, de pie, dijo al Señor: «Mira, Señor, la mitad de mis bienes se la doy a los pobres; y si he defraudado a alguno, le restituyo cuatro veces más». Jesús le dijo: «Hoy ha sido la salvación de esta casa, pues también este es hijo de Abrahán.
>
> Lc 19,1-9

Inspiración IN C

8 Profundiza en el conocimiento de la justicia.

- **a.** Busca información sobre las virtudes cardinales.
- **b.** ¿Qué dos cualidades acompañan a la justicia divina? ¿Cómo las definirías?
- **c.** Ponte en el lugar de los personajes del texto bíblico (Jesús, Zaqueo y las personas que miran). ¿Cómo crees que se sienten? ¿Qué aprendes de la forma de mirar de Jesús?

Entreno IN & OUT C

1 **Investigo.** Busca en internet entidades sociales relacionadas con la Iglesia que trabajen en defensa de un mundo más justo y humano.

2 **Analizo.** Elige una entidad y contesta a las preguntas.

- **a.** ¿Quiénes son?
- **b.** ¿Qué hacen?
- **c.** ¿Qué dicen?

Cáritas

3 **Reflexiono.** ¿Se han alcanzado todas las metas por las que trabaja esa entidad social?

4 **Transformamos.** Todos podemos asumir compromisos, que sumados unos a otros, tengan un gran poder transformador. Elabora una lista de tres compromisos realistas que podemos asumir desde hoy mismo.

Manos Unidas

3 EN LUGARES CONCRETOS: DIOS HABITA EN...

Dios se comunica a través de las personas en una historia concreta. Y toda historia está ligada a una serie de lugares. Los lugares en los que Dios se dio a conocer a su pueblo son los lugares fundantes para la fe de Israel.

La Trinidad (1425), Andréi Rublëv. Este icono representa la hospitalidad de Abrahán, cuando tres ángeles aparecen frente a su tienda en el encinar de Mambré.

3.1 MAMBRÉ (GÉN 18,1-15)

El encinar de Mambre es un paraje que se situaría cerca de Hebrón, ciudad próxima al mar Muerto. En Gén 14,13 se nos narra que aquel lugar recibe su nombre del que fue su dueño: Mambré el amorreo, aliado de Abrahán.

Por un tiempo es el **lugar de residencia de Abrahán y Sara.** Aquí reciben la visita misteriosa de Dios en la que, junto a dos hombres más, les anuncian el cumplimiento de su promesa: Sara, por fin, dará a luz un niño. Ante el anuncio vemos dos respuestas diferentes:

a. Sara, anciana y estéril, se ríe porque no cree posible este hecho. Representa la incredulidad del ser humano.

b. Abrahán, desde su hospitalidad, hace patente la total confianza ante la promesa de Dios.

3.2 MONTE HOREB (ÉX 3; ÉX 19,5)

La península del Sinaí está al nordeste de Egipto, entre África y Asia. Ahí se encuentra el monte Horeb (o monte Sinaí).

En este lugar acontecieron tres grandes hechos fundantes para la historia del pueblo de Israel:

a. La vocación de Moisés (Éx 3), y con ello, la posibilidad de liberar al pueblo de la esclavitud de Egipto.

b. La renovación de la alianza (Éx 19,5); Dios ratifica la alianza con su pueblo.

c. La entrega del decálogo (los diez mandamientos) (Éx 20,1-17) como nueva ley que nace del amor liberador de Dios.

d. La manifestación de Dios al profeta Elías, uno de los máximos defensores de la fe de Israel, y no en forma de huracán, fuego o terremoto, sino en «el susurro de una suave brisa» (1 Re 19,12b).

En este lugar, Dios se manifiesta como el Dios de la libertad, el Dios de Israel.

> (...) seré vuestro Dios, y vosotros seréis mi pueblo. Yo soy el Señor, vuestro Dios, que os saqué de la tierra de Egipto, para que no fueseis sus esclavos; rompí las coyundas de vuestro yugo y os hice andar con la cabeza bien alta.
>
> Lev 26,12-13

Investigación OUT C

9 Investiga qué significa el nombre de Isaac. ¿Por qué sus padres le llaman así?

Monte del Sinaí.

Coyunda: correa fuerte y ancha con que se uncen los bueyes. Sujeción o dominio.

3.3 BELÉN

Este pequeño pueblo (hoy, ciudad) situado al sur de Jerusalén fue cuna de grandes personajes bíblicos. Ahí ocurrieron varios acontecimientos:

- Murió Raquel, mujer de Jacob, tras dar a luz a Benjamín (Gén 35,19).
- La vida de Rut, abuela del rey David (Rut 1,19).
- David era natural de Belén (1 Sam 16,1).
- El profeta Miqueas presagió que nacería el Cristo en Belén (Miq 5,2).
- Según Mateo y Lucas, Jesús nació en Belén (Mt 1,18-25; Lc 2,1-7).

En Belén se da a conocer Dios a través de un mensaje claro: **Dios se hace presente en lo sencillo,** en lo pequeño, elige las periferias de nuestro mundo, geográficas y existenciales. La lógica de Dios no sigue los patrones de la lógica humana: lo insignificante es lo relevante.

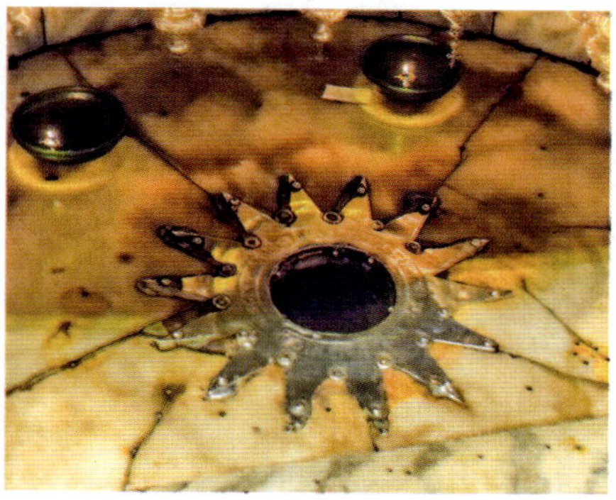

Basílica de la Natividad en Belén (Palestina), lugar de nacimiento de Jesús.

3.4 LA CREACIÓN

La creación es el **culmen comunicativo de Dios.** A través de ella contemplamos la grandeza y la humildad de Dios. Así lo expresa el Salmo 19,2: «El cielo proclama la gloria de Dios, el firmamento pregona la obra de sus manos».

El pregón de Dios alcanza toda la tierra porque todo es criatura de Dios. Y en el culmen de ese proceso creativo, encontramos a la persona: «Vio Dios todo lo que había hecho, y era muy bueno» (Gén 1,31).

La creación del ser humano es el modo más perfecto que Dios ha encontrado para expresarse, para revelarse. Y **en Jesús encontramos la revelación definitiva de Dios:** un Dios que, haciéndose hombre, quiere plenificar nuestra vida. Desde aquí, podemos releer todas las sagradas escrituras.

#símbolo

En la cultura judía, aparte de expresar cantidades, **los números** son símbolos. Algunos de los significados más importantes son los siguientes.

1	Primacía; simboliza el ámbito divino.
3	Totalidad, plenitud.
4	Lo universal, lo humano, la tierra habitada.
6	Imperfección.
7	Perfección.
12	Número del pueblo (3x4 = total de la humanidad); elección.
40	Tiempo de conversión.

Reflexión OUT

10 Teniendo en cuenta el significado de los números en la Biblia, explica el significado de las siguientes afirmaciones.

- Jesús resucitó al tercer día.
- El mundo se creó en siete días.
- Los discípulos son 12.
- Hay que perdonar 70 veces 7.
- Las tribus de Israel eran 12, al igual que los apóstoles.
- El pueblo de Israel pasó 40 años en el desierto.

PRÁCTICA

04 LOS MENSAJEROS DE DIOS

1 Inteligencias múltiples

1 Inteligencia lingüístico-verbal

- Escribe una redacción en la que narres cómo conociste a tu mejor amigo o amiga: dónde fue ese encuentro, qué sentiste, qué ocurrió, cómo creció vuestra amistad...
- Vuelve a escribir ese mismo relato, pero en forma de obra teatral, redactando un diálogo entre tú y tu amigo o amiga.
  - a. ¿Has contado lo mismo?
  - b. ¿Qué ha cambiado?

2 Inteligencia lógico-matemática

- Dios se comunica con su pueblo, se da a conocer. Elabora un esquema sencillo con la información que conozcas sobre cómo, dónde y a través de quién se comunica.

3 Inteligencia visual-espacial

- Se está rodando una película sobre la historia de amor entre Dios y la humanidad y tú tienes que contratar a cuatro actores y actrices para representar el papel de Abrahán, Moisés, David y Jonás. Evidentemente, de ninguno de ellos tenemos documentación gráfica. Teniendo en cuenta sus historias, ¿cómo serían estos actores? Describe su físico, dibújalos o busca a personas reales para interpretarlos.

4 Inteligencia cinestésica-corporal

- El encinar de Mambré, el monte Sinaí o Belén son lugares concretos en los que se ha manifestado Dios. En grupos de cuatro elegid el lugar que más os ha llamado la atención. Elaborad un pequeño guion e interpretad para el resto de la clase lo que sucedió en ese lugar.

5 Inteligencia musical

- Muchas personas tienen alguna experiencia de Dios mediante la música. San Agustín dijo que el que canta reza dos veces. Piensa en una canción que, aunque no hable de Dios explícitamente tú sientas que puede ser de Dios de quien habla.
- ¿Por qué esta canción te lleva a pensar o sentir a Dios? Puede ser una bonita banda sonora para la película.

6 Inteligencia naturalista

- Continúa el rodaje de la película. Ahora se rueda la escena principal, en la que se produce un encuentro entre Dios y el hombre. ¿En qué espacio natural te imaginas que sucede este asombroso encuentro? Descríbelo con todos los detalles.

7 Inteligencia intrapersonal

- Dios se da a conocer a través de personas concretas. Estas personas nos manifiestan el rostro de Dios: Abrahán, la promesa; Moisés, la libertad; David, el perdón.
  - a. ¿Quién simboliza en tu vida la promesa?
  - b. ¿Quién es en tu vida sinónimo de libertad?
  - c. ¿Quién crees que siempre te va a perdonar?
- Justifica las respuestas. Estas tres personas que has nombrado seguro que son muy importantes en tu vida. ¡Cuídalas!

8 Inteligencia interpersonal

- A lo largo de la historia, muchas personas han sentido la llamada de Dios y han descubierto su vocación de misionero, sacerdote, religioso o religiosa. Habla con alguna de ellas y pídele que te explique cómo fue su encuentro con Dios, cómo supo lo que Dios quería para su vida y cómo Dios se le dio a conocer.
- ¿Qué es lo que más te ha llamado la atención de lo que te ha contado?

2 Metacognición

9 Analizo y reflexiono sobre lo aprendido en esta unidad.

1. ¿Qué he hecho y qué he aprendido?
2. ¿Cómo lo he aprendido?
3. ¿Qué me ha resultado más fácil? ¿Y más difícil?
4. ¿Para qué me ha servido lo que he aprendido?
5. ¿En qué ocasiones voy a utilizar lo que he aprendido?

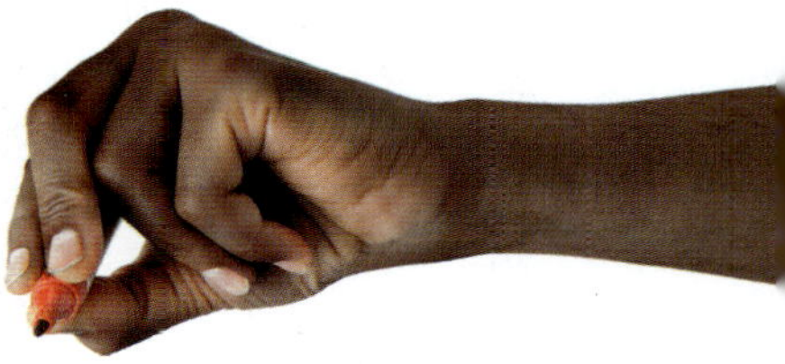

NO SON LOS GRANDES HOMBRES LOS QUE TRANSFORMAN EL MUNDO, SINO LOS **DÉBILES Y PEQUEÑOS** EN LAS MANOS DE UN DIOS GRANDE

DIOS SE DA A CONOCER

CÓMO

De manera progresiva, usando la creatividad

DÓNDE

EN LUGARES CONCRETOS

MAMBRÉ
Abrahán y Sara

BELÉN
Raquel, Rut, David y Jesús

SINAÍ
Moisés y Elías

CREACIÓN

A TRAVÉS DE LAS PERSONAS

ABRAHÁN

Promesa y esperanza

Dios le dice "Yo seré tu Dios y tu serás mi pueblo y Él le dio descendencia y tierra"

MOISÉS

Libertad

Dios libera a su pueblo, desvelando su nombre a Moisés y guiándole

DAVID

Perdón

Tras su gran pecado (atentar contra una vida) se arrepiente y Dios le perdona

JONÁS

Compasivo y misericordioso

Jonás tuvo que predicar la conversión de Nínive, aunque no lo comprende

PAPA FRANCISCO

Con su gran carisma y humildad, ha mostrado una gran sensibilidad por los **problemas** de nuestro mundo

05 LOS EVANGELIOS: MENSAJE Y TESTIMONIO

EL EVANGELIO
no es un libro,

sino una
PERSONA

VITTORIO MESSORI

CONOCER

NECESITAS SABER

Seguro que has oído hablar de los evangelios. ¿Alguna vez te has preguntado si son libros escritos? ¿Quiénes son los autores? ¿Cuántos evangelios existen? ¿Hay evangelios ocultos? Si están escritos por hombres, ¿por qué decimos que son Palabra de Dios? ¿Es verdad todo lo que nos cuentan? ¿Por qué hay diferencias entre ellos si cuentan la misma historia? ¿Se contradicen entre ellos? ¿Solo los evangelistas hablan de Jesús de Nazaret?

ANALIZAR

EMOCIONANTE

Conocemos quién es Jesús de Nazaret por lo que los evangelios cuentan de Él, Jesús no escribió nada. ¿Por qué damos por cierto lo que en los evangelios dicen de Él? ¿La arqueología demuestra la veracidad de la Biblia? ¿Es la Biblia un libro de Historia? ¿Podemos localizar los espacios geográficos que aparecen en La Biblia? ¿Hay evidencias arqueológicas de la casa de Jesús? ¿Y de su tumba? ¿Y de la cruz?

INVESTIGAR

PREOCUPANTE

¿Alguna vez te has preguntado si Jesús de Nazaret es un personaje histórico o todo ha sido una invención? Cuando hablamos del Jesús histórico, nos referimos al personaje que vivió en una cultura determinada, con una lengua propia y en un contexto sociopolítico concreto. Pero ¿realmente existió? ¿Cómo podemos saberlo con certeza? ¿Qué necesitas investigar para afirmar su existencia?

CREAR

SUGERENCIAS PARA AVANZAR

Tú, tus hermanos y tus primos tenéis que escribir la biografía de vuestro bisabuelo, al que ninguno conocisteis. ¿Cómo empezarías? ¿A qué fuentes recurrirías para documentarte? ¿Resaltarías algún aspecto más que otro? Seguramente, cada biografía será distinta de las demás. ¿Por qué ocurre esto? ¿Quién dice la verdad? ¿Alguno miente? ¿El lector conocería quién era realmente tu bisabuelo?

1 FUENTES PARA CONOCER A JESÚS

Los evangelios son las principales fuentes para conocer a Jesús. Pero también hay otras que completan el acceso a la figura de Jesús como personaje histórico.

Tácito, Parlamento de Austria (Viena).

1.1 FUENTES LITERARIAS NO CRISTIANAS (INDIRECTAS)

Estas fuentes no aportan ningún dato nuevo acerca del personaje histórico de Jesús, pero nos hablan de él, de su tiempo y del suelo histórico en el que vivió.

- **Fuentes judías.** Son obras escritas por autores de cultura y religión judía. Destaca la obra de Flavio Josefo, uno de los grandes historiadores del pueblo judío del siglo I d. C. En su obra *Antigüedades de los judíos*, escrita en Roma en torno al año 90 d. C., encontramos una serie de datos relevantes sobre el contexto político, cultural y social de la Palestina de los tiempos de Jesús.
- **Fuentes romanas.** Son las obras de aquellos historiadores y escritores romanos del s. I d. C. que, aun siendo espectadores imparciales e incluso contrarios al movimiento cristiano, nombran a Jesús. Este es el hecho relevante. Entre ellos están Tácito, Suetonio y Plinio el Joven.

El **Papiro P52**, que contiene un fragmento del Evangelio según san Juan, es el documento más antiguo concerniente a Jesús de Nazaret. Está datado entre 125-130 d. C., es decir, un siglo después de la muerte de Jesús.

Investigación OUT

1 Investiga en internet sobre Flavio Josefo y contesta a las siguientes preguntas.

- ¿Quién fue?
- ¿Qué dice sobre Jesús de Nazaret?
- ¿Te parece que su testimonio es suficiente para afirmar la existencia de Jesús?

#interdisciplinar

La **arqueología** es la ciencia que estudia los grupos humanos del pasado a partir del análisis de sus restos. La arqueología bíblica se centra en las situaciones narradas en la Biblia. Un ejemplo: en 1961 se encontró en Cesarea Marítima una losa con una inscripción que hacía referencia a Poncio Pilato. Era la primera evidencia física de la existencia del prefecto que ordenó la muerte de Jesús.

Fragmento de una losa de mármol del Teatro romano de Cesarea con la inscripción: «Tiberio, Poncio Pilato Prefecto de Roma en Judea».

Reflexión IN

2 Gracias a los descubrimientos de la arqueología sabemos cómo vivían en el siglo I los contemporáneos de Jesús. Piensa qué hallazgo arqueológico consideras que sería definitivo para demostrar la existencia de Jesús de Nazaret. Lo comentamos en grupo.

1.2 ESCRITOS DEL NUEVO TESTAMENTO (FUENTES DIRECTAS)

Las fuentes directas son todas aquellas fuentes cristianas que nos revelan datos históricos sobre Jesús de Nazaret. Estas fuentes son, entre otras, todos los libros y cartas recogidos en el Nuevo Testamento: los cuatro evangelios canónicos (Marcos, Mateo, Lucas y Juan), Hechos de los apóstoles, Apocalipsis y las cartas dirigidas a las primeras comunidades. En total estamos hablando de 27 escritos datados entre el año 50 y el 125 d. C.

La novedad que nos aportan estos escritos para el estudio histórico de Jesús es que lo sitúan en un contexto sociopolítico concreto y, gracias a las ciencias históricas, la arqueología y la literatura, se ha demostrado que el suelo histórico de los evangelios es real. Podemos afirmar con certeza que existieron en esa época los grandes personajes históricos que nombran los evangelios. Así, hoy en día, ningún historiador que se precie negará la existencia histórica del personaje Jesús de Nazaret.

El evangelista san Marcos. Fresco de Cesare Mariani en la iglesia de Santa María en Aquiro (Roma).

IMPORTANCIA DEL CONTEXTO

El final de la década de los años 60 del primer siglo de la era cristiana es un momento delicado para las primeras comunidades cristianas. Los principales líderes de la primera generación han muerto: Pedro y Pablo en Roma y Santiago el Mayor en Jerusalén. Las persecuciones puntuales de Roma y del sumo sacerdote de Jerusalén han dejado un hueco importante.

Entonces, un cristiano que ha conocido personalmente a estos testigos siente la necesidad de hacer algo para **evitar que se olvide la propuesta del Reino del Crucificado**. Y empieza a recoger el material catequético del que dispone y a ponerlo en orden, estructurándolo como una historia continua. Así conservamos el testimonio de esa primera generación, el testimonio de Pedro, el de Pablo y el de Santiago. Ese cristiano se llamaba, muy probablemente, **Marcos.** Y ese relato es **el primer evangelio.**

Observación IN

3 Para entender la importancia del contexto, observa el paisaje de la fotografía. Descríbelo en pocas palabras como si fueras un pintor, un cazador y un montañista.

- ¿Cambia en algo tu descripción dependiendo del personaje que seas?
- ¿Por qué crees que ocurre esto?

2 EVANGELIOS

2.1 NATURALEZA DE LOS EVANGELIOS

Los cristianos somos los que reconocemos en Jesús de Nazaret al Cristo, término griego que significa 'el Mesías', es decir, Dios con nosotros. Ahora bien, para saber de Él, de Jesús, el Cristo, tenemos un testimonio fundamental: los evangelios canónicos.

En ellos reconocemos la Palabra de Dios inspirada, es decir, que **los evangelios son Palabra de Dios en palabra humana,** como todas las sagradas escrituras. Dios se dirige a la humanidad en su mismo lenguaje, en su Historia. Los testimonios de unas personas que vivieron, creyeron y, de hecho, murieron por la Buena Noticia de Jesús son el lugar en el que Dios, el Dios de Jesús, sale al encuentro del ser humano.

LOS EVANGELIOS CANÓNICOS

Llamamos **evangelios canónicos** (etimológicamente *canon* significa 'norma') a aquellos evangelios más antiguos (s. I d. C.) que son reconocidos como «verdaderos» (están dentro de la norma) por las comunidades cristianas. Son el Evangelio de Marcos, el Evangelio de Mateo, el Evangelio de Lucas y el Evangelio de Juan. Serán las primeras comunidades las que reconozcan la veracidad de estos evangelios (y no de otros a los que llamaremos apócrifos), porque a través de ellos los primeros cristianos alimentaban su fe en Cristo y guiaban su vida.

#etimología

evangelio

Del latín tardío *evangelĭum*, y este del griego *εὐαγγέλιον (euangélion).*

Esta palabra está compuesta por εὐ (eu), que significa 'bueno' y αγγέλιον (angelion), que significa 'noticia, mensaje'. Por lo tanto, la palabra *evangelio* significa 'buena noticia'.

El prefijo *eu-* lo podemos encontrar en otras palabras, como *eufemismo* ('lo que suena bien') o *Eulalia* ('la que habla bien'). De *angelion* procede la palabra *ángel* que significa 'mensajero'.

Investigación OUT

4 El prefijo *eu-* aparece también en la palabra *eucaristía*. Investiga la etimología de esta palabra y averigua su significado.

Observación y Reflexión OUT

5 Observa las siguientes imágenes y reflexiona: ¿Por qué el evangelio es buena noticia para tantas personas a lo largo del tiempo y en cualquier parte del planeta?

Evangelio griego (s. x d. C.).

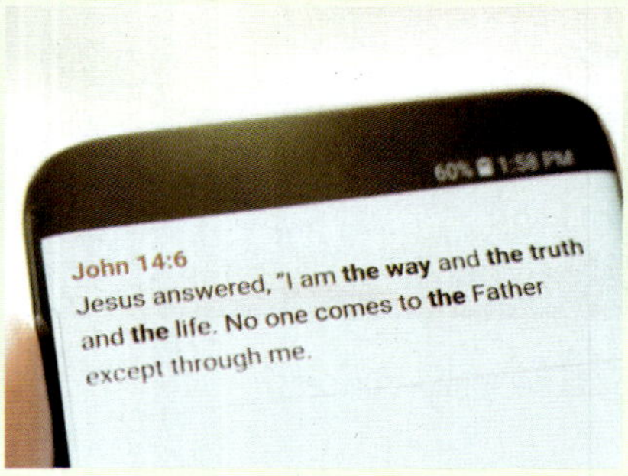

2.2 FINALIDAD DE LOS EVANGELIOS

Pudiera parecer que los evangelios tienen por finalidad contar la vida de Jesús y que, por tanto, podemos definirlos como biografías de Jesús. Pero cuidado, no lo son.

La tradición les dio el nombre de *evangelios* ('buena noticia') porque ese es el centro de su interés: hoy, en pleno siglo XXI, que la actualidad inmediata ocupa el espacio preferente en nuestras vidas (redes sociales) lo que queremos es conocer los «detalles». Para los evangelistas, que no disponían del periodismo ni de WhatsApp, lo central era usar todos los medios a su alcance para transmitir una única verdad: me he encontrado con Jesucristo y me ha cambiado la vida para siempre.

Por tanto, su finalidad es que la persona, en cualquier contexto, con cualquier inquietud, pueda vivir lo mismo que ellos. Los evangelios no se escribieron para calmar la curiosidad o el intelecto personal, se escribieron para narrar **quién es la plenitud del ser humano: Jesús de Nazaret, el Cristo.**

Por ello, los evangelios no son libros de Historia, porque no tuvieron nunca intención de serlo. Así, nos encontramos con que hay datos sobre Jesús que no concuerdan entre sí. Sin embargo, contienen la historia de Jesús. Son como varias películas sobre un mismo personaje, que parten de un referente idéntico (en este caso, Jesús, su vida y mensaje), pero cada director lo adapta a su propio lenguaje visual, dependiendo del público al que dirige su película. Unos enfatizan algunos aspectos, otros subrayan otros, unos añaden personajes, otros los quitan, etc. La idea es que logren transmitir el mismo mensaje y, lo fundamental, que **este mensaje impacte en la gente que lo oiga.**

Reflexión IN & OUT C

6 ¿Todo lo que leemos en los evangelios podemos considerarlo como verdad histórica? Justifica tu respuesta.

7 Los evangelistas cuentan en sus evangelios su experiencia de Jesús el Cristo. Piensa y contesta. ¿Si tú no conocieras a Jesús, tu vida sería exactamente igual?

#enseñanzadelaiglesia

> La santa Madre Iglesia firme y constantemente ha mantenido y mantiene que los cuatro referidos Evangelios, cuya historicidad afirma sin vacilar, transmiten fielmente lo que Jesús Hijo de Dios, viviendo entre los hombres, hizo y enseñó realmente para la salvación de ellos (...). Los autores sagrados escribieron los cuatro Evangelios escogiendo algunas cosas de las muchas que ya se transmitían de palabra o por escrito, sintetizando otras, o desarrollándolas atendiendo a la condición de las Iglesias, reteniendo, en fin, la forma de anuncio, de manera que siempre nos comunicaban la verdad sincera acerca de Jesús.
>
> DV 19

#STORY

MARÍA MAGDALENA

María Magdalena recibe el apodo de su lugar de origen: Magdala (actual Migdal), una ciudad situada en la orilla del lago de Galilea.

Vista aérea del yacimiento arqueológico de Magdala.

«La Magdalena» es uno de los personajes femeninos que más veces aparece en los evangelios. Es una mujer independiente, nunca se dice que estuviera casada, y dispone de una buena situación económica. Será una de las principales discípulas, que **acompañará a Jesús**, junto con otras mujeres, **en los momentos clave de su vida: al pie de la cruz, junto al sepulcro y en la mañana de Pascua**.

Existe una imagen generalizada de María Magdalena como prostituta que se debe a una confusión. En los relatos de unción de Jesús por diversas mujeres, no aparece María Magdalena. Pero el papa Gregorio Magno en el año 591 convierte a las tres mujeres de la unción en una sola, llamada María y pecadora. ¿Por qué pecadora? ¿No se decía que Jesús había expulsado de ella siete demonios (Lc 8,2)? Pues ¿qué significa ese *siete* sino los siete vicios? ¿Y qué es una mujer así? Una prostituta. Con el éxito y la repercusión de los sermones del papa Gregorio en toda la Edad Media, María Magdalena se convierte, hasta hoy, en una antigua prostituta, símbolo del pecador arrepentido. Esta confusión la señaló como algo que nunca fue.

Detalle de estatua de María de Magdala.

En 1988 Juan Pablo II la nombró *apostola apostolurum,*«la apóstol de los apóstoles». Pues, como señalaban los padres de la Iglesia, si por algo fue trascendental la Magdalena histórica fue por ser **figura central del grupo de mujeres que transmitió la fe a los apóstoles y reconoció en el crucificado al Hijo de Dios**, vencedor de la muerte, vivo y vivo para siempre. Y este título es su verdadero símbolo.

En el seguimiento: discípula (Lc 8,1-2)

Después de esto iba él caminando de ciudad en ciudad y de pueblo en pueblo, proclamando y anunciando la Buena Noticia del reino de Dios, acompañado por los Doce, y por algunas mujeres, que habían sido curadas de espíritus malos y de enfermedades: María la Magdalena (...).

En la pasión: discípula incondicional (Mt 27,55-56)

Había allí muchas mujeres que miraban desde lejos, aquellas que habían seguido a Jesús desde Galilea para servirlo; entre ellas, María la Magdalena.

Análisis IN & OUT

8 Analiza el papel que jugó María Magdalena en la constitución de las primeras comunidades cristianas.

#FORTALEZA PERSONAL

LA VALENTÍA

La valentía implica el ejercicio de la voluntad para la consecución de metas ante situaciones de dificultad externa o interna. Es el **valor de no dejarse intimidar ante la amenaza, el cambio o la dificultad.** Es ser capaz de defender una postura que uno cree correcta o actuar según las propias convicciones, aunque eso suponga ser criticado. Incluye el valor físico, pero no se limita a él. La valentía es la búsqueda intencional de una meta digna a pesar de la percepción real de amenaza personal y resultado incierto.

A LA LUZ DE LA PALABRA

Si pensamos en personajes valientes que aparezcan en los evangelios no podemos dejar de mencionar a las mujeres que, siendo discípulas de Jesús, no le abandonaron nunca, cosa que sí hicieron los apóstoles. Si de algo tenemos constancia es que ellas son las primeras que viven la experiencia de encuentro con Jesús resucitado.

Y ese hecho responde a que las que han vivido las consecuencias de la vida sin Jesús, arrinconadas como impuras, consideradas incapaces de aprender la Ley, de hacerse cargo de su vida, han entendido qué es el Reino. Los hombres podían volver a su vida previa, ellas no. Su vida ha cambiado, han experimentado que Jesús está vivo. Ya no hay vuelta atrás.

Pasado el sábado, al alborear el primer día de la semana, fueron María la Magdalena y la otra María a ver el sepulcro. Y de pronto tembló fuertemente la tierra, pues un ángel del Señor, bajando del cielo y acercándose, corrió la piedra y se sentó encima (...) El ángel habló a las mujeres: «Vosotras no temáis, ya sé que buscáis a Jesús el crucificado. No está aquí: ¡ha resucitado! (...) De pronto, Jesús les salió al encuentro y les dijo: «Alegraos». Ellas se acercaron, le abrazaron los pies y se postraron ante él. Jesús les dijo: «No temáis: id a comunicar a mis hermanos que vayan a Galilea; allí me verán».

Mt 28,1-2.5-6;9-10

Inspiración IN & OUT

9 En la época de Jesús, las mujeres no podían testificar en un juicio porque estaban consideradas incapaces. Sin embargo, son ellas las principales testigos de la Resurrección. Recrea ese momento. Trata de describir los sentimientos que las inundaron.

Entreno IN & OUT C

1 **Reconozco.** En la vida cotidiana nos encontramos con situaciones difíciles, cambios imprevistos, amenazas que nos intimidan y nos impiden que reaccionemos. Identifica alguna de estas situaciones y anótala.

2 **Reflexionamos.** Compartimos estas situaciones y pensamos una posible respuesta a cada una de ellas.

3 **Transformamos.** Elaboramos un decálogo de la valentía en el que describamos las actitudes, palabras y acciones que nos faciliten una respuesta adecuada ante situaciones similares en el futuro.

3 COMPOSICIÓN DE LOS EVANGELIOS

Podemos pensar que los evangelios fueron escritos una tarde soleada por los personajes que llevan su nombre. Si pensamos así, estamos en un gran error. Para entender la composición y creación de los evangelios hay que entender que se crearon después de un largo periodo de tiempo y que su creación respondió a dos premisas: alimentar la fe de las primeras comunidades y no olvidar quién fue, qué dijo, qué hizo y quién es «para mí» Jesús de Nazaret, el Cristo.

3.1 «ACONTECIMIENTO»: JESÚS ES CRISTO

El término *acontecimiento* es un término teológico. Todo parte de una serie de personas que se dejaron «impactar» por Jesús de Nazaret. De toda la gente que le conoció y trató con Él, solo para algunos significó algo nuevo en su vida. Para ellos, **Jesús fue un «acontecimiento», alguien que cambió sus vidas.** Este impacto se expresa en el título que aquellos individuos «afectados» le dieron a Jesús de Nazaret: predicador itinerante, sanador y maestro de la Ley, «Mesías» en hebreo, el «Cristo» en griego, la revelación definitiva de Dios a la Humanidad, Dios con nosotros.

3.2 TESTIMONIO ORAL DE SUS DISCÍPULOS

Jesús predica de forma oral, vinculando su mensaje a la vida de sus coetáneos. La tradición oral es común en la cultura judía. Los discípulos, guiados por el espíritu, también dan testimonio del «acontecimiento». Por eso las bases del evangelio son las predicaciones y catequesis de los discípulos del maestro, sus testimonios orales, sus explicaciones de qué significó Jesús en sus vidas y cómo impactó en ellas.

3.3 APUNTES PARA LAS COMUNIDADES NUEVAS

Cuando crecen las comunidades de seguidores de Cristo, la catequesis de los que se inician no puede ser llevada solo por los testigos directos. **Se empiezan a recoger los relatos, dichos, acciones y testimonios por escrito.** De hecho, ya existían, pequeñas recopilaciones de algunos actos y enseñanzas de Jesús: relatos de la pasión, curaciones, parábolas, dichos, etc.

3.4 GRANDES SÍNTESIS CATEQUÉTICAS

Una vez pasado el tiempo y, posiblemente, tras la destrucción del Templo (70 d. C.), algunas comunidades cristianas sintieron la necesidad de hacer una recopilación de los materiales sueltos y otras tradiciones propias de su comunidad. Estos materiales ya ordenados se usarían en las celebraciones y en las catequesis de la comunidad. La redacción de estas síntesis teológico-catequéticas fue **fruto de muchas personas,** aunque se atribuya a una figura relevante de la comunidad.

Según sus fuentes y su composición, los evangelios canónicos se pueden dividir en dos tipos.

- **Los evangelios sinópticos: Marcos, Mateo y Lucas.** Usan fuentes comunes, lo que se denomina la Teoría de la triple fuente:
  - Marcos. Es el primer evangelio que se crea. Mateo y Lucas lo copiarán casi por completo.
  - Fuente Q. Es la fuente de dichos, probablemente de un documento escrito, que usaron Mateo y Lucas, y que Marcos no conoció. Se llama Q porque *fuente,* en alemán, se dice *quelle*.
  - Materiales propios y únicos de Mateo y de Lucas.
- **El Evangelio de Juan.** Es el más complejo y espiritual. No tuvo presentes las fuentes anteriores.

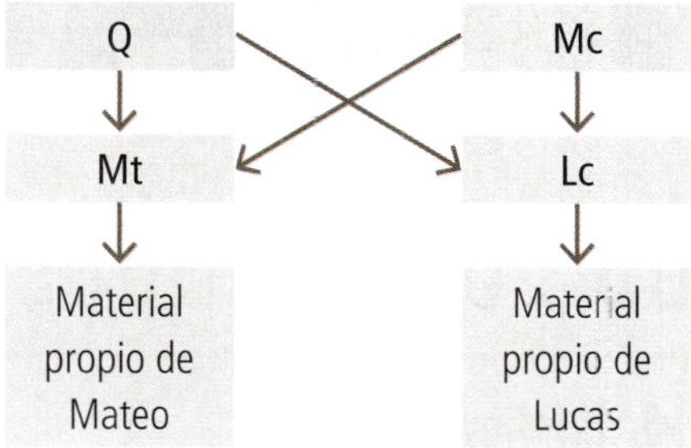

LOS EVANGELIOS CANÓNICOS				
Autor (atribuido por la tradición)	Marcos (Hch 15,37).	Mateo (Mt 9,9).	Lucas (Col 4,14).	Juan (Jn 1,40)
¿Cuándo? (aprox.)	70 d. C.	80 d. C.	80 d. C.	95 d. C.
¿Dónde?	Roma	Antioquía de Siria	Comunidad urbana: Éfeso / Roma	Éfeso / Galilea
¿A quién?	Judíos y paganos	Judíos conversos	Comunidad dividida	Comunidad mixta
Finalidad	El de la cruz es Dios.	Jesús es el Mesías.	La Buena Noticia nos reúne en torno a una misma mesa.	Dios es amor.

#símbolo

San Jerónimo (s. IV) relaciona cada evangelista con un símbolo. Estos símbolos son cuatro seres vivos que aparecen en la visión de Ezequiel y el libro del Apocalipsis. La representación de estos símbolos se llama el **tetramorfos.**

- El símbolo de san Marcos es el **león.** Esto se debe a que su evangelio comienza con la figura de Juan el Bautista predicando en el desierto como «voz que clama en el desierto». La voz del león simbolizará la voz de los profetas.
- El símbolo de san Mateo es un **ángel,** porque en su evangelio se centra en la humanidad de Jesús.
- San Lucas se representa con el **toro,** porque su evangelio comienza con la visión de Zacarías en el templo y el toro es un animal sacrificial.
- El símbolo de san Juan es el **águila,** porque su escrito es el más espiritual y elevado.

Investigación OUT C

10 Busca una obra de arte religiosa en la que aparezcan los símbolos del tetramorfos para referirse a los cuatro evangelistas.

Fresco de los cuatro evangelistas, iglesia de San Fermo Maggiore (Verona).

PRÁCTICA

05 LOS EVANGELIOS: MENSAJE Y TESTIMONIO

1 Inteligencias múltiples

Juan Pablo II es el Papa 264 de la Iglesia católica y lo fue desde 1978 hasta 2005, año en el que murió. Tus profesores, padres y familiares han conocido a este Papa y han sido testigos de su obra. Para finalizar, vas a llevar a cabo una investigación creativa sobre la figura de este Papa. Sigue estos pasos para trabajar todas tus inteligencias.

1 Inteligencia lingüístico-verbal

- Elabora una breve biografía de Juan Pablo II. Recoge también qué nombres ha recibido este Papa, las obras que escribió, cuáles eran sus mayores preocupaciones, frases importantes que dijo, quiénes eran sus amigos y todos los datos que te resulten interesantes.

2 Inteligencia lógico-matemática

- Incluye las fuentes que consultes. Es muy importante que manejes diferentes fuentes para que tu conocimiento sea objetivo: fuentes cristianas y no cristianas, fuentes objetivas de internet, el testimonio de personas que te rodean; pregunta a profesores y familiares qué saben de este Papa y qué opinan de él.

3 Inteligencia visual-espacial

- Para ilustrar tu trabajo elige dos fotografías de Juan Pablo II en las que aparezca con otras personas y que estén en dos situaciones totalmente distintas. Explica el significado de cada imagen.

4 Inteligencia cinestésica-corporal

- Además, elige otra fotografía en la que aparezca Juan Pablo II solo en una postura que tú crees que puede reflejar su forma de ser y de actuar. ¿Por qué has elegido esta foto?

5 Inteligencia musical

- En 2003, el Papa visitó Madrid con motivo de la Jornada Mundial de la Juventud, y Diego Torres interpretó para él la canción *Color Esperanza.* Escucha esta canción y escribe las estrofas que más te gusten. ¿Por qué crees que Diego Torres eligió esta canción para cantar al Papa?

6 Inteligencia naturalista

- Investiga si el cuidado de la naturaleza y la preocupación por la ecología estaban presentes en Juan Pablo II. ¿Escribió algo sobre este tema? ¿Hay algún otro Papa que esté muy preocupado por este tema?

7 Inteligencia intrapersonal

- En tu investigación habrás descubierto que Juan Pablo II fue canonizado y ahora es santo. ¿Por qué crees que es santo? ¿Te hubiera gustado conocer a este Papa? ¿Qué es lo que más te ha llamado la atención de todo lo que has aprendido sobre él?

8 Inteligencia interpersonal

- Todos los compañeros habéis investigado sobre Juan Pablo II. ¿Habéis llegado a las mismas conclusiones? ¿Recogéis la misma información? ¿Con vuestros trabajos podemos conocer realmente quién fue Juan Pablo II? ¿Habéis recurrido a las mismas fuentes?
- Hace muchos siglos, cuatro personas hicieron esto mismo sobre la figura de Jesús de Nazaret: los evangelistas. Cuando uno cuenta una historia, la historia cambia, aunque cuente lo mismo.

2 Metacognición

9 Analizo y reflexiono sobre lo aprendido en esta unidad.

1. ¿Qué he hecho y qué he aprendido?
2. ¿Cómo lo he aprendido?
3. ¿Qué me ha resultado más fácil? ¿Y más difícil?
4. ¿Para qué me ha servido lo que he aprendido?
5. ¿En qué ocasiones voy a utilizar lo que he aprendido?

3 Resumen visual

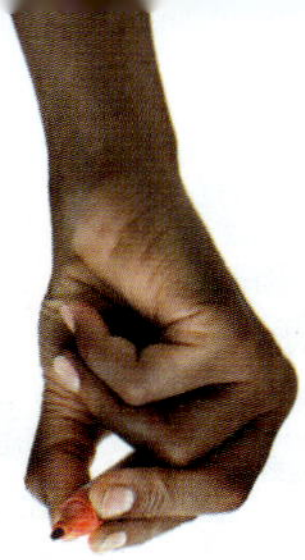

EL EVANGELIO NO ES UN LIBRO, SINO UNA PERSONA

CONOCER A JESÚS

FUENTES

LITERARIAS NO CRISTIANAS

Fuentes judías

Fuentes romanas

DIRECTAS

Escritos del Nuevo Testamento

ARQUEOLOGÍA

Estudia los restos del pasado

EVANGELIOS

NATURALEZA

Los evangelios canónicos son los más antiguos, reconocidos como verdaderos

FINALIDAD

Vivir lo mismo que aquellos días, narrar la vida de Jesús

COMPOSICIÓN

TESTIMONIO ORAL

Los discípulos de Jesús predican de forma oral

ACONTECIMIENTO

Dios es Cristo

COMUNIDADES

Crecen los seguidores de Cristo y se recogen sus testimonios por escrito

SÍNTESIS CATEQUÉTICAS

MARÍA MAGDALENA

Se le ha señalado siempre como prostituta, pero realmente fue la figura central del grupo de mujeres que transmitió la fe a los apóstoles y reconoció en el crucificado al Hijo de Dios

06 JESÚS, MENSAJE DE VIDA

Tal vez sea verdad:
que un CORAZÓN
es lo que MUEVE
el MUNDO

DÁMASO ALONSO

CO NO CER

NECESITAS SABER

¿Qué sabes de Jesús? Si alguien interesado en conocer a Jesús te preguntase quién es Él, ¿qué le dirías? ¿Te has preguntado alguna vez sobre las personas del tiempo de Jesús? Los que le conocieron personalmente ¿qué vieron de él? ¿Qué sintieron? ¿Qué dijeron? ¿Cómo era para tener seguidores? ¿Cómo descubrieron que era el Hijo de Dios?

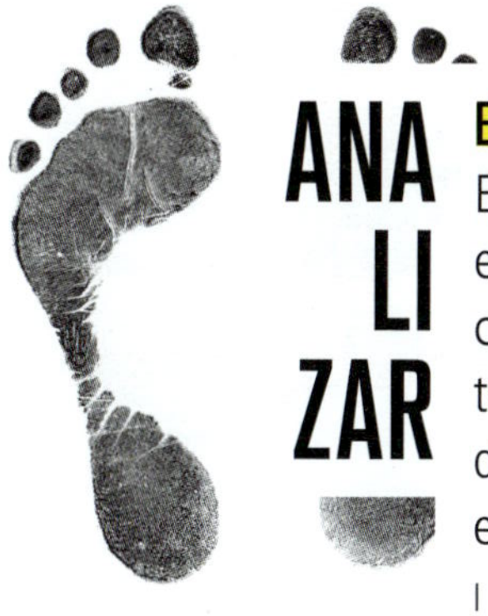

ANA LI ZAR

EMOCIONANTE

En esta unidad te vas a situar en el rol de los discípulos que convivieron con Jesús y fueron testigos de sus palabras y obras, de su muerte y resurrección. ¿Cuál es la imagen de este judío del siglo I que podemos descubrir en los evangelios? ¿Qué rasgos le caracterizan? ¿Qué emociones tenía Jesús? ¿Los evangelios pretenden ser una biografía?

IN VESTI GAR

PREOCUPANTE

Profundizar en el conocimiento de Jesús es una tarea apasionante. Nos trasladaremos en el tiempo para investigar los testimonios de los que fueron testigos. La finalidad es descubrir nuevos matices y una nueva visión: la tuya personal. ¿Estás dispuesto a esta aventura? Investigaremos cómo era la sociedad en tiempos de Jesús, qué expectativas tenían, qué esperaban y qué encontraron. ¿Qué les sucedió a los discípulos para pasar del miedo ante la muerte de Jesús a la valentía de proclamar la fe después de la Resurrección?

CREAR

SUGERENCIAS PARA AVANZAR

Imagina que Jesús se abriese hoy una cuenta en una red social. ¿Cuáles crees que serían los momentos de su vida que publicaría? ¿Qué mensajes destacaría? ¿Tendría muchos seguidores? ¿Sería atractivo este perfil para los jóvenes de hoy? ¿Tú le seguirías? ¿Tendría muchos comentarios negativos? ¿El mensaje de Jesús sigue siendo actual y válido para nuestro tiempo? ¿Qué es lo que te resulta más atractivo en Jesús de Nazaret?

1 EL CONTEXTO DE JESÚS

1.1 CONTEXTO SOCIOGEOGRÁFICO

Cuando hablamos de la tierra de Jesús nos referimos a la región de Palestina, un país de 25 000 km² dividido en pequeños distritos naturales: la zona costera del Mediterráneo, la zona montañosa central, la depresión del río Jordán y los altiplanos de Transjordania.

Las principales provincias de Palestina eran:

- **Judea.** Ubicada al sur. En ella se encuentra la capital, Jerusalén, que será el centro religioso, político y cultural del país y donde se emplace el Templo de Salomón, reconstruido por Josías. Otras poblaciones significativas son: Belén, Emaús y Jericó.
- **Samaría.** Localizada al norte de Judea. Fue vista por los judíos como una provincia «impura», ya que en ella habitaron, tras el exilio, una mezcla de pueblos de Babilonia. Su principal ciudad es Cesarea Marítima, lugar de residencia de los prefectos romanos.
- **Galilea.** Situada al norte. Compuesta por pequeños poblados, es la región más poblada. Sus habitantes se dedicaban a labores agrarias y pesca. Algunas de sus poblaciones significativas son: Cafarnaún, Caná y Nazaret.

Observación OUT

1 Mira con detenimiento las ciudades que aparecen en el mapa. ¿Conoces algún pasaje de Jesús que suceda en estas ciudades?

Mapa de Palestina

#interdisciplinar

La **sociología** es la ciencia que estudia la conducta de las personas y las sociedades. Desde ella podemos investigar los grupos sociales de la época de Jesús.

Romanos	Fuerzas de ocupación que desprecian la cultura judía.
Saduceos	Aristocracia judía. Hacen tratos con los romanos. Solo aceptan la Ley escrita y no creen en la Resurrección.
Fariseos	Estrictos cumplidores de la Ley escrita (la Tora) y oral (la tradición). Practican la piedad personal y la austeridad.
Celotes	Estrictos cumplidores de la Ley. Se retiran al desierto para vivir la «pureza» perfecta.
Esenios	Estrictos cumplidores de la Ley. Se retiran al desierto para vivir la «pureza» perfecta.
Publicanos	Cobradores de impuestos para los romanos, ladrones y violentos.
Ciudadanos de segunda	• Mujeres. No participan en la vida pública. Están sujetas a un varón. Su testimonio no es válido ante el juez. Son impuras por la menstruación y el parto. • Enfermos. Son impuros por sus pecados. • Gentiles. Extranjeros, no judíos. Impuros.

Análisis OUT C

2 Lee Mt 16,1-4, Mc 2,15 y Jn 4,25-27 y contesta.

- ¿Con qué grupos sociales se relaciona Jesús en estos pasajes?
- ¿Cómo es la relación que establece con ellos?
- ¿Por qué resulta una relación escandalosa en aquel tiempo?

1.2 CONTEXTO POLÍTICO

Toda la región estaba bajo el poder del Imperio romano desde que Pompeyo la conquistara en el año 63 a. C. Aunque existía un reino vasallo dependiente de Roma: el reinado de **Herodes «el Grande»** (del 37 al 4 a. C.). Tras su muerte, su reino se divide y se reparte entre sus hijos:

- Arquelao reina en la provincia de Judea y Samaría (del 4 a. C. al 6 d. C.)
- Herodes Antipas, en Galilea (del 4 a. C. al 39 d. C.)

Más tarde, Arquelao es destituido y Samaría y Judea pasan a formar parte de la provincia romana de Siria. Los romanos ponen como gobernantes a los prefectos: delegados del gobernador de Siria, cuya función máxima es mantener la paz en su territorio, cobrar los impuestos para el César y aplicar la pena de muerte. Tras varios prefectos, ocupará este cargo **Poncio Pilato** (del 26 d. C. al 36 d. C.).

Jesús nace bajo el poder de Herodes «el Grande» y muere bajo el poder de Poncio Pilato en Judea y Samaría y de Herodes Antipas en Galilea.

1.3 CONTEXTO RELIGIOSO

En esta época, los judíos se ven como una comunidad separada del resto de los pueblos y sienten la necesidad de proteger su identidad. Para ello, se apoyarán en dos pilares fundamentales.

- **La Ley.** Dios se da a conocer a través de su Palabra en la Ley, la Tora. La Ley establece un **sistema de pureza ritual (Lev 11-15):** si algo es puro, es de Dios, me lleva a Él y con Él, me acerca a los demás y a mí mismo; si algo es impuro, me aparta de Dios, de mí mismo y de la sociedad. Todo está bajo ese sistema: el tiempo (hay días para trabajar y días para descansar), los lugares (todo lo de fuera de Palestina es impuro), las personas (la enfermedad es impureza), los animales, las comidas, etc. Esto condiciona la vida de un judío, el cual, lo asume, lo respeta y lo cumple a rajatabla.

La **Tora** es nuestro Pentateuco: Gén, Éx, Lev, Núm y Dt.

- **El Templo.** Es el lugar de la presencia de Dios en medio de su pueblo. Estaba situado en Jerusalén. Está formado por una sucesión de patios que ganan en sacralidad según se accede al interior. Tiene **carácter político-religioso.** Era el órgano de gobierno judío, que constaba de tres poderes: legislativo, ejecutivo y judicial. Aun así, no podían aplicar la pena de muerte por estar reservada al prefecto romano. El máximo responsable es el **Sumo Sacerdote,** que gestiona el culto y mantiene el Templo. El Sanedrín es una institución dependiente del Templo.

El **Sanedrín** es el consejo supremo nacional y religioso de los judíos del s. II a. C. al I d. C. Significa 'sentarse juntos'.

2 ¿QUIÉN ES JESÚS?

Hoy nadie niega la existencia del personaje histórico de Jesús de Nazaret. Ahora bien, los cristianos afirmamos que Jesús no solo es hombre, sino que es **verdadero Dios.** Esta afirmación nace tras la experiencia pascual (muerte y resurrección de Jesús) vivida por los primeros seguidores de Jesús.

2.1 UN HOMBRE DE SU TIEMPO

Jesús es un galileo, miembro de una familia judía practicante, natural de Nazaret y dedicado al trabajo manual la mayor parte de su vida como *tektón* (artesano-carpintero): Mc 6,3. Según transcurre su juventud y **tras el bautismo, descubre su vocación** (Mc 1,10-11): anunciar que Dios habita ya en esta realidad.

Aunque de su infancia hay pocos datos (aparecen solo en Mateo y Lucas), sabemos que Jesús nace en torno al 6 a.C., bajo el reinado de Herodes, en Belén, cumpliéndose así esperanzas proféticas (Miq 5,1-2). **Su madre, María,** es una joven judía que confía plenamente en Dios y pone su vida a su servicio (Lc 1,38). **Su padre, José,** acepta la encomienda que Dios le hace: cuidar de su hijo y de María (Mt 1,19-24).

2.2 UN HOMBRE QUE SE DISTANCIA DE LOS GRUPOS DE SU TIEMPO

Jesús marcó diferencias con algunos grupos de su época. Se diferenció de la mentalidad de los esenios; abrió su mensaje a todos y relativizó la importancia de la Ley. Objetó a los fariseos que el cumplimiento de **la Ley debe ceder el paso al amor al prójimo.** Mostró oposición a los saduceos, la aristocracia sacerdotal y miembros del sanedrín, lo que le costó su muerte en la cruz.

Jesús fue visto como maestro (Mc 4,38) y como profeta (Lc 7,39) por sus paisanos. Cuando habla, lo hace con autoridad, buscando suscitar una **transformación en sus oyentes y despertar una nueva experiencia de Dios** en ellos.

Investigación OUT C

3 Profundiza en la infancia de Jesús para descubrir al hombre y al Dios. Lee los textos bíblicos Mt 1,1-2,18 y Lc 1,5-2,20 y localiza en ellos las siguientes escenas:

a. Genealogía de Jesús
b. Anuncio del nacimiento de Jesús
c. María visita a Isabel
d. Nacimiento de Jesús
e. Los sabios de Oriente
f. Persecución de Herodes y huida a Egipto

4 Describe muy brevemente lo que sucede en las escenas y trata de averiguar qué mensaje profundo nos transmiten los evangelistas en cada una de ellas.

5 Teniendo en cuenta estos mensajes profundos, reflexiona: ¿quién es Jesús?

#enseñanzadelaiglesia

El Hijo de Dios con su encarnación se ha unido, en cierto modo, con todo hombre. Trabajó con manos de hombre, pensó con inteligencia de hombre, obró con voluntad de hombre, amó con corazón de hombre. Nacido de la Virgen María, se hizo verdaderamente uno de los nuestros, semejantes en todo a nosotros, excepto en el pecado.

GS 22

2.3 UN HOMBRE CON UN MENSAJE PROPIO

Los profetas sintieron que la Alianza de Dios con la humanidad tenía que culminar en una época en la que Dios mismo reine sobre la tierra. Ese día la pobreza, la enfermedad y la muerte van a ser vencidas: será una época de paz. De aquí toma Juan Bautista su mensaje: él piensa que Dios está a punto de llegar y que esa venida tendrá la forma de un gran juicio en el que solo se salvarán los que se conviertan y bauticen. La clave: todo depende de mí.

Jesús, en cambio, anuncia que **el Reino de Dios ya ha comenzado.** Y es que ese Reino es Dios mismo. La hora de la reconciliación es **ahora**: vivimos en un tiempo de plenitud, de jubileo, en la que todas las deudas quedan saldadas. La clave: **todo me es dado.** ¿Qué tienes que hacer? Nada, solo **ser** hijo/a, hermano/a.

2.4 UN HOMBRE COHERENTE CON SU VIDA

Jesús no solo predica su mensaje a través de discursos y parábolas, sino que lo legitima con hechos: cura, perdona los pecados, restituye a los marginados y a las mujeres en su dignidad, purifica el Templo, etc. Y es que el Reino de Dios hace posible que se vivan relaciones alternativas a aquellas que marca una sociedad basada en la Ley y en un sistema de pureza que ahogan al ser humano.

Jesús es la nueva Ley: «Habéis oído que se dijo (...). Pero yo os digo» (Mt 5,41-48). Una ley que nace de la experiencia de un Dios que es puro amor. En esta nueva vida todo es don, todo es gratuito.

#etimología

Cristo

Del griego *Χριστός* (Christós), es una traducción del término hebreo *Mesías* (Māšîaḥ), 'ungido'.

En los evangelios de Mateo y Lucas se emplea este término para referirse a Jesús. Pasado el tiempo, este «título» acabó incorporado al nombre propio de Jesús: Jesucristo.

2.5 UN HOMBRE CON UN FINAL ESPERADO, PERO... ASOMBROSO

Si Jesús es coherente con su mensaje, su muerte será un final esperado. Y Jesús lo sabía y la aceptó, no sin dudas, como un acto de total donación. No había salida.

Pero la muerte no tuvo la última palabra.

Dios resucita a Jesús. Las narraciones de la tumba vacía, las apariciones del Resucitado nos dan a entender que algo pasó y no nada. Si Jesús resucitó al tercer día (plenitud) está vivo y vivo para siempre, para no volver a morir.

Investigación y Consolidación OUT

6 Descubre por ti mismo el mensaje de Jesús. Lee los siguientes textos y resume la información que obtengas en ellos.

- Conoce la misión de Jesús: Lc 4,17-18
- Descubre los signos de que el Reino ha llegado: Mt 11,4-6
- Observa quiénes son los destinatarios del reino: Lc 6,20-23
- La mejor imagen del Reino: Lc 6,21-23
- Pautas para el camino: Mt 25,31-46

#STORY

EDITH STEIN

Edith Stein fue una mujer brillante y rompedora. Filósofa alemana que se convierte al catolicismo. Sin duda, una de las mujeres más importantes e inspiradoras del siglo XX.

Nace en 1891 y es educada por su familia en la religión judía, pero pierde la fe en Dios. Estudia Historia y Filosofía y destaca por su brillante talento. Su profesor, Edmund Husserl, la escoge para trabajar en la Universidad como su ayudante antes que a otros filósofos destacados.

Los motivos que llevan a Edith a convertirse al catolicismo son varios. Cuando muere su amigo Adolf Reinach, ella se encarga de recopilar sus escritos sobre la fe cristiana; estos escritos despertarán su fe. Además, queda fascinada por la actitud de Pauline, la viuda de su amigo, quien afronta el fallecimiento de su marido con esperanza y entereza debido a su creencia en Jesús:

> «Este (...) fue el momento en que se desmoronó mi irreligiosidad y brilló Cristo».

Otro de los motivos que narra fue cuando vio a una aldeana entrar a rezar a la Catedral de Frankfurt con la cesta de la compra:

> «Esto fue para mí algo completamente nuevo. En las sinagogas y en las iglesias protestantes que he frecuentado los creyentes acuden a las funciones. Aquí, sin embargo, una persona entró en la iglesia desierta, como si fuera a conversar en la intimidad. No he podido olvidar lo ocurrido».

El hecho culminante fue la lectura de la autobiografía de santa Teresa de Ávila. Como filósofa, Stein siempre había buscado la verdad y la descubre en el catolicismo. Cuenta que cuando dijo a su madre «soy católica» ambas se pusieron a llorar.

En 1922 es bautizada y en 1934 pide ser admitida en el convento de las carmelitas. Toma los hábitos y recibe el nuevo nombre de Teresa Benedicta de la Cruz. Fue una mujer incansable y feminista que reivindicaba el papel de la mujer en la Iglesia. Durante el poder nazi, es detenida y es asesinada en la cámara de gas en el campo de concentración de Auschwitz en 1942. En 1998, Juan Pablo II la proclama santa de la Iglesia.

> «La Iglesia nos necesita (...). Todo parece indicar que hoy llama el Señor a un gran número de mujeres para el ejercicio de tareas especiales en su Iglesia».

Reflexión IN & OUT

7 Piensa a partir de las siguientes preguntas y después comparte tu reflexión con tu grupo.

- ¿Qué es lo que más te ha llamado la atención de Edith Stein?
- ¿Qué encontró Edith Stein en la fe cristiana?

#FORTALEZA PERSONAL

LA ESPERANZA

La esperanza es una fortaleza relacionada con el optimismo y la proyección de futuro. Es la **capacidad de esperar lo mejor** y trabajar para conseguirlo. Es creer que podemos lograr un buen porvenir. Por ello es una fortaleza que nos permite proyectarnos hacia el futuro con energía y entusiasmo. Es una de las fortalezas relacionadas con la trascendencia que forjan conexiones con la inmensidad del universo y proveen de significado a la vida.

A LA LUZ DE LA PALABRA

El siguiente texto pone de manifiesto la misericordia y la ternura de Jesús y la actitud de esperanza de un enfermo. El leproso se veía condenado a vivir fuera de la ciudad como impuro y a gritar su condición para que otros no se contagiaran. Pero él espera y confía en Jesús y le sale al encuentro pidiéndole su recuperación. Frente a la resignación, la esperanza y la valentía le conducirán a afrontar una nueva vida.

Se le acerca un leproso, suplicándole de rodillas: «Si quieres, puedes limpiarme». Compadecido, extendió la mano y lo tocó diciendo: «Quiero: queda limpio». La lepra se le quitó inmediatamente y quedó limpio. Él lo despidió, encargándole severamente: «No se lo digas a nadie; pero para que conste, ve a presentarte al sacerdote y ofrece por tu purificación lo que mandó Moisés».

Mc 1,40-44

Inspiración IN & OUT

8 Tras la lectura del texto bíblico contesta a las siguientes preguntas.

- ¿Quién toma la iniciativa?
- Ante la petición del leproso, ¿qué acciones realiza Jesús? ¿Qué significado tienen?
- ¿Cómo consigue superar sus dificultades el leproso?
- ¿Cómo cambia la vida de aquel hombre?
- ¿Es realmente un corazón lo que mueve y transforma el mundo?

Entreno IN & OUT C

1 Analizo. Mira a tu alrededor, lee las noticias y observa cómo el sufrimiento, el dolor humano y la falta de esperanza están presentes en la vida de las personas. ¿Qué situaciones te parecen más preocupantes? ¿Conoces alguna situación dolorosa que ocurra en tu centro?

2 Reflexiono. Céntrate en una de esas situaciones adversas y piensa: ¿qué ideas surgen en tu interior que te paralizan o te impiden que hagas algo para solucionarla o mejorarla? ¿Cómo se pueden rebatir esas ideas o creencias paralizantes?

3 Transformamos. Cuando somos capaces de comprender y superar las creencias paralizantes, se abre un nuevo panorama más objetivo y esperanzador para juzgar la realidad y actuar sobre ella. Planificamos una acción sostenible y realista que podamos desarrollar para mejorar esa situación.

3 ¿QUIÉN ES DIOS?

Desde la especial relación que vivió Jesús con Dios es desde donde podemos entender su mensaje, sus acciones y toda su vida. Y ¿quién es Dios para Jesús?

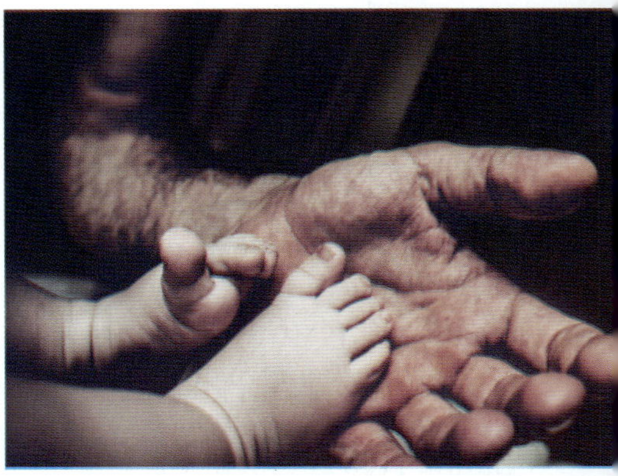

3.1 DIOS ES ABBÁ (PAPÁ)

La clave de la propuesta de Jesús es Dios, es la gran Buena Noticia. Dios, que ya ha inaugurado su reino, no es un juez, es papá. Eso significa Abbá.

¿Qué implica esta nueva relación con Dios?

- **Novedad frente al AT.** En el AT, Dios aparece como Creador y Señor de la Historia. Sin embargo, en algunos momentos se habla de Dios como padre (Os 11,4) e incluso como madre (Is 49,15), pero siempre en tercera persona (Dios es Padre) y dándole un uso colectivo («es Padre del pueblo»).
- **Novedad frente al judaísmo de la época.** Jesús se dirige a Dios en una relación horizontal, de iguales, de tú a tú. Para Jesús, Dios es una persona, alguien con quien me puedo relacionar directamente y no una simple idea. Este uso es escandaloso para un judío.
- **Novedad en el lenguaje.** El escándalo se acrecienta con el uso de la expresión Abbá, ya que este concepto no es hebreo y no es sagrado. Jesús usa un lenguaje coloquial y cercano para referirse a Dios.
- **Doble significado del concepto.** Cuando Jesús usa este término está apuntando a un doble significado:
  - **Confianza (hogar).** Acogida, cuidado, protección y amor.
  - **Respeto (obediencia).** Nos permite mirar a Dios como un Tú con el que me puedo relacionar, pero siempre en actitud de respeto por lo que es: mi padre.

Abbá, palabra aramea para designar a la figura paterna cuando uno era niño dentro del contexto familiar en la región de Galilea. Aparece en los evangelios; la usa Jesús para referirse a Dios.

3.2 DIOS ES PADRE NUESTRO

Cuando Jesús reza a Dios lo hace a través de la oración del Padrenuestro (Mt 6,9-13) y apunta al centro de su mensaje, al Reino de Dios. Si Dios es nuestro padre, **todos** somos miembros de una misma familia. En la hora de Dios (que es **ya**), todos quedamos reconciliados en una misma familia: la familia de Dios. Todas las fronteras entre nosotros quedan superadas en el amor infinito de Dios (Gál 3,28). Por eso pedimos «venga a nosotros tu reino» (para siempre). Y si todos somos hijos de un mismo Padre, la conclusión es evidente: **todos somos hermanos.**

Análisis y Reflexión OUT

9 Mt 6,9-13 es la única oración que enseñó Jesús a sus discípulos. Léela y analízala: hay tres alabanzas a Dios y cuatro peticiones para la humanidad.

- ¿Qué puede significar esta oración?

3.3 JESÚS ES EL HIJO DE DIOS

Toda la vida de Jesús será releída por sus seguidores desde la experiencia pascual. Estos descubrirán que Jesús no es un simple profeta, es **el profeta**, no es un simple maestro, es **el maestro**, no es un simple señor, es **el Señor** y no es un simple hijo, es **el Hijo de Dios.** Y nosotros somos hijos de Dios en él y por él. Desde esta experiencia de fe se escribirán los evangelios. Y, desde ella, toda la historia de relación entre Dios y su pueblo cobrará sentido.

La **experiencia pascual** es la muerte y la resurrección de Jesús.

Marcos	Desde el inicio lo deja claro: «Comienzo del Evangelio de Jesucristo, Hijo de Dios» (Mc 1,1). Es una expresión de fe que nos enseña que Jesús es el Cristo, el Mesías esperado y, no solo eso, es el Hijo de Dios. En el bautismo lo confirma: «Tú eres mi hijo amado» (Mc 1,11). Y en la pasión lo ratifica el centurión: «Verdaderamente este hombre era Hijo de Dios». El mensaje de Jesús no es para unos elegidos, es **universal**.
Mateo	Comienza afirmando que Jesús es hijo de David y de Abrahán (Mt 1,1). Por tanto, Jesús es lo que esas figuras representan para el pueblo: **símbolo de fe y Mesías**. Jesús proclama la nueva Ley del Reino de Dios, las bienaventuranzas, en una montaña, al igual que Moisés recibió el decálogo en el Sinaí (Mt 5,1-12). Jesús es el nuevo Moisés, **el libertador**. También narra la anunciación y cómo Jesús es «Dios con nosotros» (Mt 1,23).
Lucas	En la introducción deja clara su finalidad: transmitir lo que a su vez recibió (Lc 1,1-4). Jesús no solo es el Mesías, es **Hijo de Dios** (Lc 3,23-37). Jesús se refiere a Dios como «mi Padre» (Lc 2,49), nunca como «nuestro Padre». Somos hijos en Jesús, hijos en el Hijo.
Juan	La finalidad de la obra la desvela al final: «Estos han sido escritos para que creáis que Jesús es el Mesías, el Hijo de Dios» (Jn 20,31). Jesús es el enviado del Padre y por ello insiste en su identidad, su misión y su relación con Dios: «El Verbo se hizo carne y habitó entre nosotros» (Jn 1,14). Jesús es la **revelación de Dios,** Dios mismo.

Mc 8,29

«Y vosotros, ¿quien decís que soy?»

Consolidación OUT

10 Lee los textos Is 43,1-4 y Jn 15,9.12-15. ¿Qué diferencia existe entre ser siervo y ser hijo?

#símbolo

El **crismón,** o monograma de Cristo, simboliza el nombre de Cristo. Está formado por la unión de varios elementos gráficos:

- las letras griegas **X** (ji) y **ρ** (ro) son las dos primeras letras de Χριστός (Cristo).
- las letras **A** (alfa) y **ω** (omega) hacen referencia a Dios como principio y fin.
- la **circunferencia** representa la **eternidad** (un continuo, no tiene ni principio ni fin) y la **perfección divina** (todos sus puntos equidistan del centro).

PRÁCTICA

06 JESÚS, MENSAJE DE VIDA

1 Inteligencias múltiples

1 Inteligencia lingüístico-verbal

- Muchos poetas le dedican versos a Jesús. Lee estos poemas: *Pastor que con tus silbos amorosos* de Lope de Vega, *Epifanía* de Jorge Guillén y *Hazme una cruz sencilla* de León Felipe. ¿Qué aspectos de Jesús destaca cada poeta?

2 Inteligencia lógico-matemática

- Jesús es mucho más que un modelo a seguir, Él es Dios. Deduce las conclusiones de las siguientes frases:
  - Si Jesús solo es un hombre, la consecuencia es...
  - Si Jesús solo es Dios, entonces...
  - Si Jesucristo no hubiese existido, ahora...

3 Inteligencia visual-espacial

- La vida de Jesús, su muerte y su mensaje han sido fuente de inspiración para muchas películas como: *Jesús de Nazaret* de Franco Zeffirelli (1977), *La Pasión de Cristo* de Mel Gibson (2004) o *The Nativity Story* de Catherine Hardwicke (2006). ¿Has visto alguna película sobre Jesús de Nazaret? Mira el tráiler de estas películas u otras y contesta. ¿Cómo es el aspecto de Jesús? ¿Es similar en las distintas películas?

4 Inteligencia cinestésica-corporal

- Fíjate en la mirada de Jesús, mira: al hombre rico (Mc 10,21), a Zaqueo (Lc 19,5), a los fariseos (Mc 3,5), a Pedro (Jn 1,42) y a su madre (Jn 19,26). ¿Qué transmite en cada una de estas miradas? ¿Conoces otras miradas de Jesús? Imagina que Jesús te mira a los ojos. ¿Qué sentimientos brotan de tu interior ante esa mirada?

5 Inteligencia musical

- Jesús era un judío practicante y sabemos que los judíos cantaban himnos en sus fiestas. En el Evangelio leemos: «Después de cantar el himno, salieron para el monte de los Olivos» (Mt 26,30 y Mc 14,26). Si Jesús hubiera cantado en ese momento de soledad, ¿cómo te imaginas esa melodía? ¿Y la voz de Jesús? ¿Y el tipo de música? ¿Qué otros sonidos ambientales se oirían?
- ¿Te atreves a escribir el estribillo? ¡Sé valiente!

6 Inteligencia naturalista

- Las parábolas son un recurso que utiliza Jesús para decir quién es y cómo es Dios. En ellas, recurre a menudo a elementos de la naturaleza para que se entienda su mensaje. ¿Con qué elemento de la naturaleza compararías a Dios? ¿Y a Jesús? ¿Y a los cristianos? Justifica tus respuestas y tú también estarás escribiendo una parábola.

7 Inteligencia intrapersonal

- Te encargan la tarea de crear el perfil de Jesús para una red social. Y tienes que conseguir muchos seguidores. ¿Qué imagen principal elegirías? ¿Qué frase lo definiría? ¿Qué fotos subirías que reflejaran dos momentos importantes de su vida?

8 Inteligencia interpersonal

- Poned en común en grupos de cuatro los perfiles y configurad uno solo. ¿Crees que ese perfil sería muy seguido en la actualidad? Justifica tu respuesta.

2 Metacognición

9 Analizo y reflexiono sobre lo aprendido en esta unidad.

1. ¿Qué he hecho y qué he aprendido?
2. ¿Cómo lo he aprendido?
3. ¿Qué me ha resultado más fácil? ¿Y más difícil?
4. ¿Para qué me ha servido lo que he aprendido?
5. ¿En qué ocasiones voy a utilizar lo que he aprendido?

3 Resumen visual

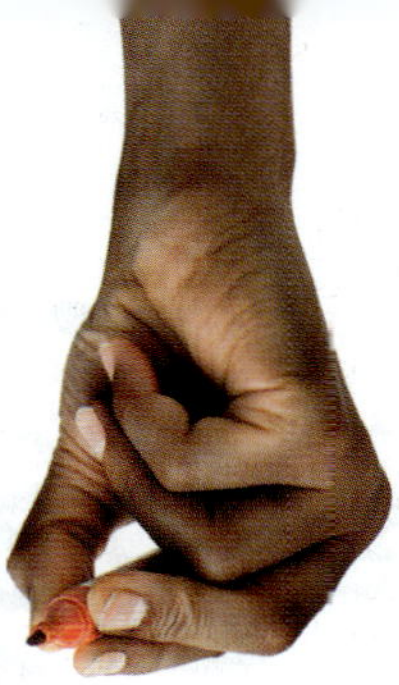

TAL VEZ SEA VERDAD QUE UN CORAZÓN ES LO QUE MUEVE EL MUNDO

CRISMÓN

EDITH STEIN

Fue una filósofa alemana que se convirtió al catolicismo y es una de las mujeres más inspiradoras del siglo XX

07 LA IGLESIA, ACTUALIDAD Y PRESENCIA

LA MAYOR ENFERMEDAD HOY DÍA
NO ES LA LEPRA NI LA TUBERCULOSIS
SINO MÁS BIEN EL SENTIRSE

CONOCER

NECESITAS SABER

¿Qué sabes de la Iglesia? ¿Qué dicen los medios de comunicación? ¿Qué imagen tienen de la Iglesia las personas de tu entorno? ¿Es posible conocer la Iglesia o es algo reservado a unos pocos? ¿Qué aspectos de la Iglesia te resultan más chocantes?

INVESTIGAR

PREOCUPANTE

La Iglesia es una realidad divina y humana. En esta unidad aprenderás a ver ambos aspectos y cómo se relacionan. Jesús está presente en la Iglesia, pero ¿cómo y dónde puedes descubrirlo? Alguna vez te habrás preguntado cómo surge la Iglesia, quién la fundó y para qué. En esta unidad investigaremos sobre estas y otras cuestiones. Los textos de la Escritura serán la fuente principal de la investigación.

ANALIZAR

EMOCIONANTE

Piensa en tu familia, ¿quién la conoce mejor, los de casa o los de fuera? Si alguien quisiera conocerla, ¿dónde debería acudir? ¿A quién debería preguntar? Para conocer la realidad de la Iglesia será necesario acudir a los textos de la Escritura, son los testimonios originales.

CREAR

SUGERENCIAS PARA AVANZAR

¿Quiénes son los excluidos? ¿Cómo salir a su encuentro? ¿Cómo puede la Iglesia hoy ser mensaje y lugar de esperanza? Al final de la unidad estarás preparado para contestar a todas estas preguntas y para aceptar el reto que propone el papa Francisco a la Iglesia: ser una Iglesia evangelizadora y en salida.

1 ¿CÓMO Y CUÁNDO SURGE LA IGLESIA?

En esta unidad nos vamos a conocer la relación que existe entre Jesucristo y la Iglesia. Vamos a descubrir la presencia de Jesucristo en la Iglesia hoy, presente en el corazón de cada creyente, en la Palabra, en los sacramentos y en la comunión de fe y de vida.

La Iglesia tiene su origen en toda la acción de Dios en Jesucristo: desde su nacimiento, su predicación y la elección de los discípulos hasta su muerte, su resurrección y el envío del Espíritu. La Iglesia es como el fruto de toda la vida de Jesús.

1.1 LA PREDICACIÓN DEL REINO DE DIOS

> El Reino de Dios es la salvación del hombre en todas sus dimensiones.
> Es universal, ya se ha hecho presente en la historia, en las personas y acciones de Jesús y alcanzará su plenitud al final de los tiempos.

Jesús habló del Reino de Dios en parábolas y lo puso de manifiesto mediante signos. La expresión *Reino de Dios* se refiere a Dios mismo entrando en nuestro mundo y actuando en favor de la salvación de la humanidad y de la Creación.

Las **parábolas** nos dicen cómo se hace presente el Reino de Dios.

Es el amor lo único que mueve a Dios a manifestar su poder para el bien del hombre. La curación de los enfermos, el perdón de los pecadores, el anuncio de la Buena Noticia a los pobres y los más olvidados de la sociedad, la muerte y la resurrección son signos de que el Reino de Dios está presente. Pero presente no significa de forma plena. Por ello Jesús se refiere también al futuro, al final de los tiempos. El tiempo intermedio es el tiempo de la Iglesia. Jesús se hace presente en ella a los hombres y mujeres de todo tiempo.

La **forma plena** y definitiva del Reino de Dios pertenece al futuro.

Es por ello por lo que cuando la Iglesia nazca lo hará motivada y urgida por la necesidad de hacer presente el Reino de Dios. Si el Reino de Dios fue el eje de la vida de Jesús, también lo será de la vida de la Iglesia.

Observación IN

1 Observa la imagen y contesta a las siguientes preguntas.

- ¿Qué te sugiere?
- ¿Qué emociones te despierta?
- Si tuvieras que publicarla en Instagram, ¿de qué texto la acompañarías?

2 Lee los siguientes textos: Mc 14,25 y Lc 14,15, y explica las imágenes que empleó Jesús para representar al Reino de Dios.

- ¿Qué te sugieren?

1.2 LOS INICIOS DE LA IGLESIA

LA ELECCIÓN DE LOS DISCÍPULOS Y LOS DOCE

Jesús convoca a una comunidad de discípulos a quienes hará partícipes de su misión y su mensaje: el Reino de Dios. La invitación de Jesús a acoger el Reino se dirige a todos, especialmente a los pobres y marginados, rompiendo así las barreras sociales y religiosas. Siguen a Jesús las muchedumbres, los discípulos y los Doce. Los discípulos son llamados para que compartan una experiencia y una comunidad de vida con el *maestro*.

De entre los discípulos, Jesús convoca a un grupo más reducido, con quienes mantiene una relación especial: los **Doce** (Mc 3,14; Lc 6,12-16). El objetivo de la misión de los Doce coincide con la misión de Jesús.

Los **discípulos** son aquellos que están dispuestos a participar de su destino y a continuar su misión después de su muerte, anunciando la buena noticia del Reino y sirviendo a los hermanos con una disposición total.

LA ÚLTIMA CENA

La Última Cena es un acontecimiento importante en el proceso de constitución de la Iglesia. Desde los orígenes se atestigua la estrecha relación entre la Iglesia y la Última Cena del Señor, celebrada ya por las primeras comunidades cristianas, según el mandato del propio Jesús. La Eucaristía es la fuente de la que nace la Iglesia y, a su vez, es la Iglesia la que hace presente a su Señor en la Eucaristía.

LA RESURRECCIÓN DE JESÚS Y EL DON DEL ESPÍRITU

Solo podemos hablar de la Iglesia en la plenitud de su ser después de la muerte de Jesús. Cuando el grupo de discípulos, que han sido testigos de la resurrección y la efusión del Espíritu, se reúne de nuevo para constituir la comunidad cristiana. Con la experiencia de la resurrección cambia decisivamente la actitud del grupo. De aquí brota la misión confiada a los Doce (Mt 28,18) de «bautizar y hacer discípulos». A partir de aquí que comienza la manifestación histórica de la Iglesia.

A **Pedro** se le atribuye un papel esencial en el grupo de los Doce (Mt 16,17-19): hacer presente a Jesucristo como último fundamento de la Iglesia.

#enseñanzadelaiglesia

La misión de la Iglesia continúa la de Cristo: «Como el Padre me envió, también yo os envío» (Jn 20,21). Por tanto, la Iglesia recibe la fuerza espiritual necesaria para cumplir su misión perpetuando en la Eucaristía el sacrificio de la Cruz y comulgando el cuerpo y la sangre de Cristo. Así, la Eucaristía es la fuente y, al mismo tiempo, la cumbre de toda la evangelización, puesto que su objetivo es la comunión de los hombres con Cristo y, en Él, con el Padre y con el Espíritu Santo».

CARDENAL JORGE MARIO BERGOGLIO S.J.,
La Eucaristía y la Iglesia, misterio de la alianza

Consolidación y Reflexión OUT

3 Elabora una línea del tiempo con las etapas de la fundación de la Iglesia.

4 Según el texto del papa Francisco, ¿qué relación existe entre la Iglesia y la Eucaristía? ¿Se podría decir que la Eucaristía es una celebración privada del cristiano? Justifica tu respuesta.

2 JESUCRISTO, PRESENTE HOY

La Iglesia es la realización de la presencia de Cristo en la historia. Su misión es anunciar y ofrecer la salvación que hemos obtenido con él. Si bien no es fácil describir la Iglesia con una sola palabra, las imágenes quizás nos ayuden a comprender mejor la Iglesia y su misión.

2.1 IMÁGENES DE LA IGLESIA

LA IMAGEN DE PUEBLO DE DIOS

Esta imagen pone de relieve la continuidad de ambos testamentos. La adopta el Concilio Vaticano II como clave fundamental para la comprensión del aspecto humano de la Iglesia. Pone de manifiesto la realidad social de la Iglesia, complementando la idea de cuerpo místico de Cristo y armonizando los dos aspectos esenciales de la Iglesia: institución visible y realidad interior.

CUERPO MÍSTICO DE CRISTO

Esta imagen sirve para ilustrar la relación entre la Iglesia y Cristo y los miembros entre sí. Además, muestra el protagonismo de la Iglesia en la salvación. La Iglesia es cuerpo, puesto que los creyentes constituyen un organismo invisible, diversamente estructurado y cuenta con los sacramentos como medio de santificación. El vínculo que une a los cristianos con Cristo, a los miembros con la cabeza, es la misma vida de Jesús que se comunica a los creyentes por medio de los sacramentos. Así la Iglesia tiene a Cristo por cabeza, al Espíritu Santo como principio animador, a la caridad como norma fundamental y a la eucaristía como alimento.

LA IGLESIA ES UNA COMUNIÓN

Los creyentes experimentan la Iglesia como una realidad que se verifica en las formas de su existencia: en la palabra y en el sacramento, en la fe, la esperanza y el amor, como respuesta y como imitación a la comunicación de Dios. Por ello la comunidad de creyentes es comunión (***koinonía*** o ***communio***). La palabra usada habitualmente es **koinonía,** que adopta diversos significados, pero sobre todo se refiere al tejido que une toda la vida de la Iglesia primitiva.

Investigación y Reflexión OUT C

5 El texto de Hch 2,41-47 expresa la experiencia de la comunidad cristiana. Identifica cómo vivían los creyentes y relaciona esos mismos aspectos en la Iglesia hoy.

- ¿Qué aspectos de la Iglesia ponen de relieve cada una de las imágenes propuestas?
- Elabora una propuesta de imagen-símbolo de la Iglesia y explica su significado.

#etimología

iglesia

El término *iglesia*, procede del latín *ecclesia* y este, a su vez, del griego ἐκκλησία (ekklesía) que significa originariamente 'asamblea'. Posteriormente, pasó a significar 'congregación de cristianos'. Se refiere, por tanto, al grupo de creyentes y no tanto al lugar donde se reúnen.

2.2 LA IGLESIA, MISTERIO DE SALVACIÓN

La Iglesia está ordenada a la salvación de los hombres, es cuerpo místico de Cristo y está santificada por el Espíritu. Nace de los **sacramentos** y se perpetúa por medio de ellos. La adhesión a Cristo no se realiza únicamente por el vínculo de la fe personal y de la caridad, sino mediante la recepción de los sacramentos que, de diversos modos, convierten a los creyentes en **miembros de la Iglesia.**

A través de los sacramentos, Jesucristo se hace presente en la comunidad en diferentes momentos de la vida. Los sacramentos son siete y refieren a gestos, acciones y palabras de Jesús. Por ello, la adhesión a Cristo y su gracia no es posible separarla de la adhesión a la Iglesia. El **bautismo**, la **confirmación**, la **orden sacerdotal** y el **matrimonio** se reciben una sola vez en la vida; la **penitencia** es el sacramento que renueva y transforma; la **eucaristía** es el alimento que fortalece al cristiano a lo largo de toda su vida; la gracia y la ternura de Cristo se hacen presentes en los momentos de enfermedad del creyente a través del sacramento de la **unción de enfermos**, que se recibe cuando se necesita.

Las **celebraciones cristianas** permiten al cristiano estar unido a Jesucristo y sentirse acompañado en todo momento por la presencia salvadora de Dios. Además de los sacramentos, a lo largo del año, existen otras celebraciones que hacen presente a Jesús. Nos referimos a la celebración de la **Navidad** y su tiempo preparatorio de cuatro semanas que es el **Adviento;** la celebración de la **Semana Santa,** y la previa preparación del tiempo de la **Cuaresma,** que se inicia con la celebración del miércoles de ceniza; la celebración de la Pascua, Pentecostés y la Ascensión. Las celebraciones permiten a la comunidad y al creyente, cada año, actualizar y revivir la vida de Jesús.

Investigación y Análisis IN & OUT C

6 Prepara una exposición para toda la clase en la que incluyas la siguiente información.

- Cuándo se celebran los sacramentos, qué significan y cuáles son los hechos y palabras de Jesús con los que se relacionan.
- Reúne fotografías de los sacramentos que hayas recibido o en los que hayas participado. Pregunta a tus familiares cómo vivieron ese día.
- ¿Qué aportan los sacramentos a los creyentes?

#STORY

HERMANO ROGER

El hermano Roger Schutz es el fundador de la comunidad ecuménica de Taizé. Un hombre de mirada transparente y capaz de leer en el corazón de los demás. Todos los que compartieron tiempo y oración con él afirman la fascinación que provocaba al estar a su lado, mirarle a los ojos y escuchar sus sencillas palabras.

El hermano Roger tuvo el sueño de crear una **comunidad que visibilizara de forma real la unidad de todos los cristianos**. Así surge Taizé, en un pueblo de Francia en 1949, en plena guerra mundial. En ella conviven católicos, ortodoxos, luteranos y protestantes de todos los países del mundo. Para el hermano Roger era algo evidente, si la unidad era lo que predicaba y vivía Cristo, los cristianos no podíamos permanecer en la división y la confrontación.

En Taizé miles de personas de **distintas religiones** y con diferentes idiomas **rezan en común.** Se hace cantando frases muy sencillas, breves y de calado profundo, en diferentes idiomas. Es un canto meditativo que se interioriza y llega a lo más profundo del ser humano mediante la repetición.

En 2005, durante una oración con los jóvenes en la Iglesia de la Reconciliación, una mujer que estaba entre los asistentes apuñala al Hermano, que muere en ese mismo momento. Tenía 90 años.

Hoy, para todo el mundo, Taizé y el hermano Roger son sinónimo de paz, de reconciliación, de unidad, de comunión y de esperanza para los cristianos.

«En lo más profundo de la condición humana descansa la espera de una presencia, el deseo silencioso de una comunión. Nunca lo olvidemos, el simple deseo de Dios es ya el comienzo de la fe».

«Cuando la Iglesia escucha, cura, reconcilia, ella llega a ser lo que es en lo más luminoso de sí misma: diáfano reflejo de un amor».

«Es como una fiesta ver a tantos jóvenes juntos en la colina viviendo en una gran diversidad. Esto nos da la gran esperanza que una humanidad en paz es posible». (Hermano Alois)

«El hermano Roger, por la perseverancia que demostró durante su larga vida, ayudó a cambiar las relaciones entre los cristianos todavía separados, trazando para muchos una forma de reconciliación». (Papa Francisco)

Investigación IN & OUT

7 Investiga en la web oficial de Taizé https://www.taize.fr/es las oraciones y la iconografía que utilizan en los encuentros. ¿Qué te llama la atención? ¿Te resulta atractiva esta forma de rezar?

Tumba del Hermano Roger (1915-2005), Taizé.

La comunidad de Taizé enseña que la Iglesia es una realidad de comunión.

Actualmente, miles de jóvenes del mundo entero acuden a Taizé para vivir una experiencia de Iglesia.

#FORTALEZA PERSONAL

LA CAPACIDAD DE PERDONAR

La capacidad de perdonar es orientarse por la misericordia, dando una segunda oportunidad a aquellas personas que se han equivocado contigo. Cuando las personas perdonan, entran en paz consigo mismas y con los demás, dejan el rencor atrás y pueden continuar viviendo el presente con calma.

A LA LUZ DE LA PALABRA

La experiencia cristiana nos enseña que el dolor, el pecado o el mal no tienen la última palabra en nuestras vidas. Si hay una fuerza realmente sanadora y vivificante es el perdón, y es la única capaz de transformar el pasado. El perdón es la gran fortaleza frente al castigo o la venganza; es la única posibilidad de devolver la dignidad perdida por los actos del pasado. El perdón proporciona un nuevo comienzo.

La adúltera (Jn 8,3-11)

Los escribas y los fariseos le traen una mujer sorprendida en adulterio, y, colocándola en medio, le dijeron: «Maestro, esta mujer ha sido sorprendida en flagrante adulterio. La ley de Moisés nos manda apedrear a las adúlteras; tú, ¿qué dices?». Le preguntaban esto para comprometerlo y poder acusarlo. Pero Jesús, inclinándose, escribía con el dedo en el suelo.

Como insistían en preguntarle, se incorporó y les dijo: «El que esté sin pecado, que le tire la primera piedra». E inclinándose otra vez, siguió escribiendo. Ellos, al oírlo, se fueron escabullendo uno a uno, empezando por los más viejos. Y quedó solo Jesús, con la mujer en medio, que seguía allí delante. Jesús se incorporó y le preguntó: «Mujer, ¿dónde están tus acusadores?; ¿ninguno te ha condenado?». Ella contestó: «Ninguno, Señor».

Jesús dijo: «Tampoco yo te condeno. Anda, y en adelante no peques más».

Entreno IN & OUT C

1 Analizo. Piensa en alguna ocasión en la que te hayas sentido ofendido. ¿Qué sentimientos y emociones recuerdas? Ira, venganza, ansiedad, orgullo... dañan a quien las siente.

2 Me pregunto. ¿Cuál te parecía la mejor forma de resolver un conflicto personal? ¿Qué pensabas antes sobre el perdón?

3 Reflexiono. ¿Y qué piensas ahora sobre el perdón? ¿Qué se necesita para vivir el presente con calma y serenidad? ¿Has probado a usar la palabra y el diálogo para comunicar lo que te hace sentir mal?

4 Transformamos. El perdón es una ayuda para transformar las situaciones de violencia o desencuentro que se producen en las relaciones cotidianas. Por ello, te proponemos:

- Busca información sobre la asertividad.
- Descubre qué beneficios aporta a las relaciones personales.
- Piensa en una situación personal que te preocupe y explica cómo se transformaría con asertividad y perdón.

Inspiración IN & OUT

8 Después de leer el texto bíblico, contesta a las siguientes preguntas.

- ¿La acción de los escribas y los fariseos es contraria a la ley de Moisés?
- ¿Qué actitud muestra Jesús? ¿Qué significado tiene?
- Ponte en el lugar de la mujer y describe qué sentirías.
- ¿Qué es más heroico, el perdón o la venganza y el castigo?
- El futuro es algo por hacer, aún no ha sucedido. El pasado ya está hecho. ¿Qué significa que el perdón sea la única fuerza capaz de cambiar el pasado?

3 FORMAS DE PRESENCIA DE JESUCRISTO EN LA IGLESIA

La comunión y la misión de la Iglesia tienen su fundamento en el bautismo, que hace a los creyentes miembros del Pueblo de Dios y continuadores de la misión salvadora de Cristo. Para realizar esta misión, Dios ha suscitado en la Iglesia vocaciones diversas, para realizar diferentes servicios y funciones.

3.1 LAS VOCACIONES Y SERVICIOS

Los fieles **laicos** son llamados para contribuir a la santificación del mundo, participando en las actividades terrenas, en todos los ámbitos de la vida social y familiar. Por otro lado, la **vida religiosa** es un don y una forma específica de vida cristiana que supone una consagración y el compromiso de seguir los valores evangélicos.

Otra de las vocaciones es la de los ministerios consagrados mediante el sacramento del orden: obispos, sacerdotes y diáconos.

El colegio episcopal es la continuidad del colegio de los apóstoles a lo largo de la historia. Y el **Papa** es su cabeza. El **obispo** recibe el poder de enseñar, de santificar y de gobernar al Pueblo de Dios. Este poder solo se puede ejercer de forma legítima en comunión con el colegio y con su cabeza, el obispo de Roma.

Los **sacerdotes** y los **diáconos** son los colaboradores del obispo en el orden sagrado. El sacerdote es el encargado de anunciar el evangelio, presidir pastoralmente a los fieles encomendados, administrar el sacramento de la reconciliación y celebrar la eucaristía. Los **diáconos** tienen encomendado el servicio a los hermanos y a todos los hombres, en diversas formas, siempre vinculadas al anuncio de la salvación.

Finalmente, el Papa es, en cuanto sucesor de Pedro, garante visible de la permanencia de la Iglesia en la verdad y signo de la unidad de la fe.

Investigación OUT

9 Contesta las siguientes preguntas.

- Según lo anteriormente estudiado, ¿de qué formas está presente Jesús en la Iglesia?
- ¿Cuál es la relación entre la Iglesia y el símbolo de la nave? Investígala.
- ¿Cómo explicarías las palabras del papa Benedicto XVI: «la nave de la Iglesia es lugar de la misericordia y de la ternura de Dios para con los hombres»?

#símbolo

La simbología de la **nave, nave de la Iglesia** o **nave de Pedro** tiene su raíz en el Génesis, en el relato del Arca de Noé. Hace referencia a la condición de Pedro y los apóstoles de ser pescadores de almas. A lo largo de la literatura cristiana y de la tradición artística, la nave es una alegoría de la Iglesia. Quien pilota la nave es Cristo, o su vicario san Pedro, el mástil es la cruz y avanza gracias al impulso del Espíritu. Navega en medio de las tempestades y tormentas de la vida, y tiene como meta llevar a los hombres a buen puerto.

3.2 LA EVANGELIZACIÓN

La misión esencial de la Iglesia es la evangelización, es decir, hacer presente a Jesucristo hoy. En la *Evangelii Gaudium*, el papa Francisco, invita a los creyentes a una nueva etapa evangelizadora marcada por la alegría del evangelio, renovando «ahora mismo» el encuentro personal con Jesucristo o, al menos, tomando la decisión de dejarnos encontrar por Él, de intentarlo cada día sin descanso. Afirma el Papa:

> «Sueño con una opción misionera capaz de transformarlo todo, para que las costumbres, los estilos, los horarios, el lenguaje y toda estructura eclesial se convierta en un cauce adecuado para la evangelización del mundo actual más que para la autopreservación».
>
> EG 27

Hace un especial hincapié en dos cuestiones sociales: «la inclusión social de los pobres» y «la paz y el diálogo social», para incluir como colofón la influencia del Espíritu Santo en el anuncio misionero y el ejemplo de la Virgen María como «Madre de la Iglesia Evangelizadora».

Alerta a los creyentes sobre al gran riesgo del mundo actual, que es la tristeza individualista, fruto del corazón cómodo y avaro, la búsqueda de lo superficial y la conciencia aislada. Con mayor empeño, invita Francisco a ser evangelizadores desde la alegría y el fervor, cuyas vidas irradien la alegría de Cristo.

Recibir el evangelio es un derecho y, para que llegue a todos sin exclusión, los cristianos tienen el deber de anunciarlo. Este reto es para toda la Iglesia, que ha de ser una Iglesia en salida, que tome la iniciativa sin miedo, que salga al encuentro a buscar a los lejanos y a los cruces de los caminos para invitar a los excluidos.

> «La Iglesia en salida vive en un deseo inagotable de brindar misericordia, fruto de haber experimentado la infinita misericordia del Padre y su fuerza difusiva. **Atrevámonos un poco más a primerear».**
>
> EG 24

Las *fake news* son noticias falsas o bulos, normalmente difundidas a través de las redes sociales y cuyo objetivo es la desinformación.

Investigación OUT C

10 Completad las siguientes tareas y contestad a las preguntas en equipo.

- Elaborad un decálogo de buenas prácticas en internet.
- ¿Cómo podemos distinguir *fake news* de contenidos confiables?
- ¿Son las redes sociales un medio potente de evangelización en la actualidad? Razonad vuestra respuesta.
- ¿Conoces @Pontifex_es? Es la cuenta de Twitter del papa Francisco. Tiene más de 17 millones de seguidores. Leed el último mensaje publicado y comentadlo.

#interdisciplinar

Somos ciudadanos de un mundo cada vez más tecnificado. La **ciudadanía digital** hace referencia a la comprensión de los asuntos humanos, culturales y sociales en relación con el uso de las tecnologías y las conductas y los principios que deben orientarlas, como son: la seguridad, la responsabilidad, la ética y la legalidad. Los ciudadanos tenemos derecho a acceder a las tecnologías y a desarrollar las competencias y habilidades necesarias de forma segura, privada y transparente. Ser ciudadanos digitales también implica estar preparados para ser ciudadanos críticos, respetar las normas de conducta y conocer nuestros derechos.

PRÁCTICA

07 LA IGLESIA, ACTUALIDAD Y PRESENCIA

1 Inteligencias múltiples

1 Inteligencia lingüístico-verbal

- Hay tres imágenes que ayudan a entender el significado de Iglesia; no son imágenes contradictorias, sino que se complementan: el pueblo de dios, el cuerpo místico de Cristo y la comunión. Explica con tus palabras por qué identificamos a la Iglesia con estas imágenes. ¿Qué aspecto subraya cada una de ellas?

2 Inteligencia lógico-matemática (C)

- Acude a tu parroquia y recopila los siguientes datos de los tres últimos años: ¿cuántos niños y niñas se han bautizado? ¿Cuántos han celebrado su Primera Comunión? ¿Cuántas parejas han contraído matrimonio?
- Elabora una gráfica con esos datos. ¿Qué conclusiones sacas? Compáralos con los datos obtenidos por otro compañero en otra parroquia. ¿Son similares? Si son diferentes, ¿a qué creéis que se deben las variaciones?

3 Inteligencia visual-espacial (C)

- Imagínate que eres arquitecto y te mandan diseñar una iglesia. ¿Cómo lo harías para que fuera atractiva a los jóvenes? Dibuja un boceto del exterior y del interior de la iglesia que te imagines.

4 Inteligencia cinestésica-corporal

- Durante la eucaristía realizamos gestos con un profundo significado simbólico. Algunos de ellos son gestos corporales: ponerse de pie o de rodillas, besarse... Identifica tres gestos corporales de la eucaristía (también te puedes fijar en el sacerdote) y explica su significado. Si no sabes el significado de alguno, pregunta a tu profesor o al sacerdote.

5 Inteligencia musical (C)

- En la comunidad de Taizé oran cantando cánones, que son pequeños versos que se repiten en distintos idiomas. Escucha el canon *Nada te turbe, nada te espante, quien a Dios tiene nada le falta* (es un verso de Santa Teresa de Jesús) y el canon *De noche iremos, de noche, que para encontrar la fuente solo la sed nos alumbra.*
- Inventa un verso sencillo que hable de Dios y pon música a tu verso.

6 Inteligencia naturalista (C)

- Inspirándote en elementos naturales, inventa un símbolo que refleje lo que es la Iglesia según lo que has aprendido en esta unidad. Explica por qué has elegido ese símbolo.

7 Inteligencia intrapersonal

- Reflexiona a partir de las siguientes preguntas. ¿Crees que la Iglesia refleja alegría? Desarrolla tu respuesta. ¿Qué cambiarías de la Iglesia? Desde tu experiencia, señala un aspecto positivo de la Iglesia y un aspecto que consideras que debe cambiar.

8 Inteligencia interpersonal

- En grupos de cuatro poned en común las respuestas a las preguntas anteriores. No se trata de discutir, solo de escucharos. A continuación, contesta. ¿Qué te ha llamado la atención de lo que han dicho tus compañeros? ¿Crees que tu entorno tiene una visión de la Iglesia positiva o negativa? ¿Por qué?

2 Metacognición

9 Analizo y reflexiono sobre lo aprendido en esta unidad.

1. ¿Qué he hecho y qué he aprendido?
2. ¿Cómo lo he aprendido?
3. ¿Qué me ha resultado más fácil? ¿Y más difícil?
4. ¿Para qué me ha servido lo que he aprendido?
5. ¿En qué ocasiones voy a utilizar lo que he aprendido?

3 Resumen visual

08 EL ESPÍRITU SANTO EDIFICA CONTINUAMENTE LA IGLESIA

El Espíritu Santo es la Vida de la Iglesia, que no envejece nunca

PAPA BEATO JUAN XXIII

CONOCER

NECESITAS SABER

¿Qué nos ocurre a los cristianos que, creyendo en el Espíritu Santo, no siempre lo experimentamos presente y actuando en nuestras vidas? ¿Por qué lo tenemos como en el «desván» de nuestra vida cristiana? Más allá de la representación con el símbolo de la paloma, ¿qué sabes del Espíritu Santo? ¿Qué te gustaría conocer?

ANALIZAR

EMOCIONANTE

Pongamos en juego nuestra curiosidad. ¿Qué supone el bautismo en la vida del creyente? ¿Cómo actúa el Espíritu en la vida de la Iglesia y en la vida del creyente? Profundizaremos en la misión del Espíritu y cómo hace presente a Jesucristo. ¿Qué significa que el cristiano es un hombre nuevo? Descubrirás qué es ser espiritual y cuáles son los dones del Espíritu.

INVESTIGAR

PREOCUPANTE

Se suele decir que cada uno vive la vida tal y como se comprende a sí mismo. Comprendernos como hijos de Dios, templos del Espíritu y llamados a vivir una vida nueva nos llevará a *re-crearnos*, a descubrir una forma de vida más humana, en definitiva, más plena. ¿Es posible *re-crearnos*? ¿Podemos vivir una vida renovada? Hay todo un mundo nuevo por explorar. ¿Estás dispuesto a este reto personal?

CREAR

SUGERENCIAS PARA AVANZAR

Vivir según la fe, la esperanza y la caridad es ser personas espirituales. Pero ¿esto supone vivir olvidados del mundo y olvidados de la realidad? ¿Te parece que la madre Teresa de Calcuta se olvidó de los leprosos? ¿Por qué las personas más espirituales tienen en común una profunda vocación transformadora del mundo? Vamos a investigar qué alcance y significado tiene la vocación en la santidad hoy. ¿Sabes qué aportan los sacramentos a la vida del creyente?

1 EL ESPÍRITU EDIFICA LA IGLESIA

Enviado por el Padre al mundo para comunicar la misión de Jesús, el Espíritu Santo es el perfeccionador de la Salvación ofrecida a la humanidad. El Espíritu Santo:

Explica la enseñanza de Jesús.	Habita en el corazón de los creyentes.	Introduce en la plenitud de la verdad.	Edifica y vivifica a la Iglesia.

1.1 LA MISIÓN DEL ESPÍRITU SANTO

A partir de la misión de Jesús, el Hijo de Dios desveló el plan de Salvación del Padre al encarnarse y nos hizo conocedores de la misión del Espíritu Santo. El Espíritu es enviado para **santificar a cuantos creen en Jesús,** se aloja en lo más íntimo de los fieles y anima a la Iglesia. La misión de Jesucristo es eficaz a través de la misión del Espíritu Santo.

San Pablo afirma que el Espíritu es para el creyente principio de santificación:

> «Pero fuisteis lavados, santificados, justificados en el nombre del Señor Jesucristo y en el Espíritu de nuestro Dios». (1 Cor 6,11)

Él es el principio de la perfección cristiana (Gál 3,2-5), lo mismo que de la Resurrección, porque explica Pablo:

> «...el que resucitó de entre los muertos a Cristo Jesús también dará vida a vuestros cuerpos mortales, por el mismo Espíritu que habita en vosotros». (Rom 8,11)

El Espíritu habita en el corazón del creyente, el cual de ese modo se convierte en **templo vivo.** Preguntará Pablo a los corintios:

> «¿Acaso no sabéis que vuestro cuerpo es templo del Espíritu Santo, que habita en vosotros y habéis recibido de Dios?». (1 Cor 6,19)

El Espíritu Santo es el que da la vida nueva y el que anima al creyente (Jn 3,5), prometido y enviado por Jesús, que testifica que Cristo es verdad.

El **Nuevo Testamento** ofrece un cuadro de la misión que el Espíritu desarrolla en la Iglesia. Es fuente de la vida de la Iglesia, impulsa sus primeros pasos desde Pentecostés, cuando tiene lugar la efusión del Espíritu Santo. **Los momentos más importantes para la vida de la comunidad están marcados por la presencia activa del Espíritu.** Así, los prodigios que acompañan a la predicación de los apóstoles, como los numerosos dones y carismas que manifiestan la vitalidad de la Iglesia.

Investigación OUT

1 Lee Gén 1,1s y descubre cómo el Espíritu estaba presente en la Creación.

- A continuación, lee Jn 3,5 y descubrirás cómo actúa el Espíritu en la vida del creyente.

1.2 LA IGLESIA ANUNCIA EL EVANGELIO BAJO LA ACCIÓN DEL ESPÍRITU

El mensaje de Jesucristo ha llegado a nosotros por medio de las Escrituras, de la tradición apostólica y del magisterio de los obispos bajo la acción del Espíritu Santo.

La Iglesia, nacida de la acción evangelizadora del mismo Cristo y de los apóstoles, existe para evangelizar, predicar, enseñar, transmitir el don de la gracia, reconciliar y hacer presente a Jesucristo en los sacramentos. Ella es la **depositaria del mensaje de salvación** y tiene la **misión de transmitirlo con suma fidelidad.** Es gracias a la acción del Espíritu que la palabra de la Iglesia puede ser anunciada como Palabra de Dios y acogida como tal.

La Iglesia no se limita a repetir lo que Jesús hizo y dijo, sino que lo **actualiza** y lo **adapta** a las múltiples situaciones y a las necesidades de los hombres y mujeres que han de recibir **el mensaje de la salvación: la Buena Nueva.**

Esta actualización solo es posible gracias a la acción del Espíritu Santo. Su poder es el que permite anunciar íntegramente a Cristo, y, al mismo tiempo, hacerlo de modo apropiado a nuestra época. Podemos afirmar que el Espíritu actúa en un doble sentido:

No habla por su cuenta, sino que comunica todo lo que pertenece a Cristo en el corazón del creyente.

Anuncia e interpreta lo que ha de venir, es decir, hace nuevas y significativas las palabras de Cristo (Jn 16,12-15;14,26).

Los concilios de la Iglesia actualizan el mensaje de Cristo en un momento concreto de la historia. Por ello, el Espíritu se convierte en cada época en **agente principal de evangelización.** En este sentido, podemos afirmar que **Jesucristo es el mismo ayer, hoy y siempre.**

Investigación y Creación OUT C

2 Lee Hch 2,1-13 y contesta a las siguientes preguntas.

- ¿Como se llama la fiesta que están celebrando?
- ¿Quiénes han acudido?
- ¿Cómo se hace presente el Espíritu?
- ¿Cómo se transforma la vida de los discípulos?

El Espíritu hace resonar la Palabra de Dios de manera eficaz en la predicación de la Iglesia, adaptando y actualizando el mensaje de Cristo a los hombres y mujeres de todos los tiempos y de todos los lugares.

#etimología

rûaj: del hebreo רוח, 'soplo, aliento, viento'. Principio de vitalidad, de lo emocional. Isaías lo emplea para referirse al Espíritu de Dios. Es el soplo de Dios por el que transmite la vida.

pnéuma: del griego πνεῦμα, y este a su vez del verbo πνέω (pneo), 'soplar, resoplar o respirar'. Es el equivalente del término rûaj en el Nuevo Testamento.

espíritu: del latín spirĭtus, relacionado con verbo spirāre, expresa la acción de soplar como una parte de la respiración. Es la traducción del griego pnéuma.

La acción espiritual es, en cierto sentido, recibir el espíritu o un soplo, lo que solemos denominar *inspirar.*

רוח (rûaj)
↓
πνεῦμα (pnéuma)
↓
spirĭtus
↓
espíritu

2 ¿CÓMO ES LA ACCIÓN DEL ESPÍRITU?

Es importante comprender que la acción del Espíritu no dispensa a las personas del trabajo y la dedicación. No se puede confundir la acción del Espíritu con la espontaneidad y la improvisación.

2.1 EL ESPÍRITU SANTO Y LAS MEDIACIONES HUMANAS

En la composición de los evangelios, cada autor puso sus conocimientos, su esfuerzo y sus capacidades al servicio del Espíritu que le inspiraba. San Lucas escribió su evangelio inspirado por el Espíritu, pero tal inspiración le exigió un largo y paciente esfuerzo de investigación y búsqueda, como él mismo nos dice (Lc 1,3). **La inspiración del Espíritu Santo no dispensa del esfuerzo de la preparación y del estudio.**

Tampoco debe confundirse la acción del Espíritu Santo con la magia, que prescinde de las mediaciones humanas. El Espíritu actúa teniendo en cuenta a las personas a través de las que se expresa. Por la acción del Espíritu, el cristiano comprueba la verdad de lo que anuncia la Iglesia y profundiza en su comunión eclesial.

«Eso que hemos visto y oído os lo anunciamos, para que estéis en comunión con nosotros nuestra comunión es con el Padre y con su Hijo Jesucristo. Os escribimos esto, para que nuestro gozo sea completo». (1 Jn 1,3-4)

Investigación OUT C

3 La acción del Espíritu llevó a las primeras comunidades cristianas a redescubrir a Jesús y a vivir una nueva vida. Para conocer cómo vivían lee Hch 4,32-37.

- ¿Qué es lo primero que se informa de los creyentes?
- ¿Qué se dice respecto a los bienes y las propiedades?

Actualización OUT

4 Lee Hch 2,43-47 y describe qué relación encuentras entre lo que hacen los creyentes y lo que hacía Jesús.

- ¿Qué rasgos también están presentes hoy en la Iglesia?
- ¿Quién hace presente a Jesús en aquel tiempo y ahora?

#interdisciplinar

La **música** nos acompaña en la vida y tiene efectos positivos en el desarrollo del cerebro. Favorece el aprendizaje del lenguaje, los números, el uso de la lógica y el desarrollo de las inteligencias múltiples. Incluso existe la musicoterapia como medio para la resolución de conflictos personales, comunicación, memoria o socialización.

- La música es un nexo entre el hombre y el cosmos. **Pitágoras**
- «Todos los días debiéramos preocuparnos por escuchar buena música, leer hermosos poemas, extasiarnos en lindas pinturas y hablar palabras razonables». **J. W. Goethe**
- «La música es el único camino hacia lo trascendente». **W. A. Mozart**
- «La arquitectura es una música de piedras. Y la música, una arquitectura de sonidos». **L. Beethoven**

Investigación y Análisis IN & OUT

5 Comentamos el significado de las frases. Después, contesta.

- ¿A qué se dedicaban los autores de las frases? Puedes buscarlo en internet.
- La composición artística y científica ¿es solo fruto de un momento de inspiración o es necesaria una preparación constante?
- ¿Qué emociones te despierta la música? Descríbelas.

2.2 LOS DONES Y FRUTOS DEL ESPÍRITU SANTO

El don del Espíritu Santo es el que:

Nos eleva y asimila a Dios en nuestro ser y en nuestro obrar.	Nos hace participar de su conocimiento y de su amor.

Para llevar a término nuestra condición de hijos siguiendo los impulsos del Espíritu Santo, Él mismo nos concede sus **frutos,** que según san Pablo son: **amor, alegría, paz, paciencia, afabilidad, bondad, lealtad, modestia, dominio de sí** (Gál 5,22-23); y los llamados tradicionalmente siete dones del Espíritu Santo: don de sabiduría, de entendimiento, de consejo, de fortaleza, de ciencia, de piedad y de temor de Dios.

La gracia del Espíritu Santo nos confiere la justicia de Dios. Las virtudes teologales son tres: la fe, la esperanza y la caridad. La gracia del Espíritu Santo nos renueva en nuestro ser y obrar, haciendo que la fe, la esperanza y la caridad animen todas las virtudes morales en el creyente.

Por la fe y por el sacramento del bautismo, los creyentes participamos de la muerte y la resurrección, somos consagrados a él e incorporados a su cuerpo, que es la Iglesia. En definitiva, nacemos a una **vida nueva.** Podemos afirmar que **en el bautismo el Espíritu Santo da forma y personalidad a quien lo recibe: lo constituye en cristiano e hijo de Dios.** Por eso, san Pablo puede decir:

> «El amor de Dios ha sido derramado en nuestros corazones por el Espíritu Santo que se nos ha dado». (Rom 5,5)

El resultado es que el Espíritu Santo habita en el cristiano como en su templo (Rom 8,9). ¡Somos templo del Espíritu!

Investigación y Actualización OUT

6 El bautismo es la puerta de entrada a la comunidad de la Iglesia y a una vida nueva. Lee Gál 3,26-29 y explica cuál es la causa de desaparición de las diferencias y de la fraternidad cristiana.

- ¿Por qué la vida cristiana se define como una vida en fraternidad?
- ¿Este mensaje es válido para nuestro tiempo?

#símbolo

En la Biblia no hay una sola forma de representar la **acción del Espíritu.**

Unas veces se reduce a la imagen de la **paloma** que aparece en la escena del bautismo de Jesús (Lc, 3,22). Otras veces, la acción refrescante y vivificadora del Espíritu se expresa con el **agua**: «Baje como lluvia» (Sal 72,6); en el relato de la samaritana: «el que cree en mí (...): de sus entrañas manarán ríos de agua viva» (Jn 7,38), en referencia al Espíritu. Y, otras ocasiones, se simboliza con el **viento** (Jn 3,8), el **fuego** (Éx 3,1-6; Mt 3,11), el **aceite** en la unción (1 Sam 16,1-12; Sant 5,14) o con el **vino** de la alegría (Ef 5,18).

MADRE TERESA

Vamos a conocer a una mujer llena de vida, llena del Espíritu de Dios. Un referente para el siglo XXI. Se llama Agnes Gonxha Bojaxhiu, pero todos la conocen como madre Teresa de Calcuta.

Desde muy pronto tiene clara su vocación y a los dieciocho años profesa como religiosa misionera en la Congregación Nuestra Señora de Loreto, donde elige el nombre de Teresa. Siempre había sentido una predilección especial por los pobres, por lo que pronto va a Calcuta. Esta ciudad marcaría su vida y su vocación.

La madre Teresa cuando hablaba de los pobres del mundo decía: «Tal vez no hablo su lengua, pero puedo sonreír».

En Calcuta es profesora. Sin embargo, queda conmovida por la pobreza que ve en las calles y siente que **Dios la llama para cuidar y atender a los desheredados, a los que no tienen nada.** Ella no puede quedarse con los brazos cruzados, abandona la orden y se entrega a la causa de los más pobres, los enfermos, los moribundos, los no queridos, los despreciados. Llena de energía, tiene claro el sentido de su vida:

El secretario general de la ONU, Javier Pérez de Cuéllar, en la Asamblea General de las Naciones Unidas presenta a la madre Teresa como «la mujer más potente del mundo».

> «Quiero llevar el amor de Dios a los pobres más pobres; quiero demostrarles que Dios ama el mundo y que los ama a ellos».

Su ejemplo es contagioso y en 1950 funda la congregación de las Misioneras de la Caridad. Son mujeres que dedican su vida a los más necesitados de todo el mundo sin importar raza ni religión:

Madre Teresa en la ONU.

> «Para nosotras no tiene la menor importancia la fe que profesan las personas a las que prestamos asistencia. Nuestro criterio de ayuda no son las creencias, sino la necesidad. Jamás permitimos que alguien se aleje de nosotras sin sentirse mejor y más feliz, pues hay en el mundo otra pobreza peor que la material: el desprecio que los marginados reciben de la sociedad, que es la más insoportable de las pobrezas».

En 1979 recibe el Premio Nobel de la Paz. Muere a los 87 años en su querida Calcuta. Miles de personas se reunieron en la India para despedir a la *santa de las cloacas*.

Su amigo el papa Juan Pablo II beatifica a Teresa de Calcuta en 2003 y el papa Francisco la canoniza en 2016, convirtiéndose de este modo en santa Teresa de Calcuta.

> «El trabajo que hacemos no tiene nada de heroico. Cualquiera que tenga la gracia de Dios puede hacerlo».

> «No siempre podemos hacer grandes cosas, pero sí podemos hacer cosas pequeñas con gran amor».

Investigación OUT C

7 Busca en internet información sobre:

- las actividades que realizó la madre Teresa en Calcuta.
- las actividades por las que fue pionera en la atención a enfermos de VIH-SIDA.
- las actividades y los lugares en los que están presentes hoy las misioneras de la Caridad.

Con todo ello, elabora una presentación, en la que destaques dónde reside su fortaleza. Compártela con tus compañeros.

#FORTALEZA PERSONAL

LA VITALIDAD

La vitalidad es una fortaleza que capacita para afrontar la vida con entusiasmo y energía, para hacer las cosas con convicción y dar todo de uno mismo. Es vivir la vida como una apasionante aventura, sintiéndose vivo y activo. Las personas con vitalidad afrontan las dificultades con optimismo y valentía; buscan nuevas experiencias, retos y vivencias; ponen mucho empeño y amor en todo lo que hacen; no se rinden con facilidad, pues tienen mucha autoconfianza.

A LA LUZ DE LA PALABRA

San Pablo vivió dos vidas: la de antes de conocer a Cristo y ser perseguidor de los cristianos, y la que vivió tras encontrarse con Él. Sin duda, es un testimonio de fortaleza y entusiasmo, propio de quien tiene un claro propósito y sentido en su vida.

> El hecho de predicar no es para mí motivo de orgullo. No tengo más remedio y, ¡ay de mí si no anuncio el Evangelio! Si yo lo hiciera por mi propio gusto, eso mismo sería mi paga. Pero, si lo hago a pesar mío, es que me han encargado este oficio. Entonces, ¿cuál es la paga? Precisamente dar a conocer el Evangelio, anunciándolo de balde, sin usar el derecho que me da la predicación del Evangelio.
>
> 1 Cor 9,16-25

Entreno IN & OUT C

1 **Analizo.** Recuerda alguna ocasión en la que a pesar de las dificultades actuaste con energía y entusiasmo. ¿Qué te ayudó a no rendirte?

2 **Me pregunto.** ¿Qué pensabas antes sobre el Espíritu y su acción en la vida de los creyentes y de la Iglesia?

3 **Reflexiono.** ¿Qué piensas ahora sobre ese tema? ¿Cómo has ampliado tu comprensión? ¿Cómo ha influido en tu vida? Comparte tus conclusiones.

4 **Transformamos.** Para afrontar los retos de la vida es necesario tener una gran motivación, vitalidad, energía y determinación. ¿Cómo podemos disponer en todo momento de esta energía? ¿Qué necesitamos para hacer las cosas con amor? Haz una lista de las claves para cuidar la vitalidad y la motivación interior.

Inspiración IN & OUT C

8 Después de leer detenidamente el testimonio de san Pablo, contesta a las siguientes preguntas.

- ¿Cuál es la misión y actividad principal de san Pablo?
- ¿Qué similitudes encuentras entre su actividad y la actitud deportiva de un atleta?
- ¿De dónde le viene la fortaleza para llevar a cabo su actividad?
- ¿Te has fijado alguna vez en la palabra *entusiasmo*? Busca su etimología y descubrirás en qué parte de la palabra está el nombre que le da sentido y fuerza a la vida de san Pablo.

3 LLAMADOS A VIVIR UNA VIDA PLENA

La mayoría de nosotros hemos recibido el sacramento del bautismo cuando éramos pequeños. Según crecemos vamos conociendo nuestro entorno y nos vamos conociendo a nosotros mismos. Ahora es buen momento para profundizar en la fe, en nuestra vida de cristianos y vivir conforme a lo que somos: hijos de Dios.

3.1 EL ESPÍRITU NOS ACOMPAÑA Y ACTÚA

Gracias al don del Espíritu Santo, la relación íntima que se establece entre el creyente y Dios hace que el bautizado se comprenda de un modo nuevo, tanto a sí mismo como a la humanidad y al mundo. El bautizado se ve a sí mismo, ve la vida y ve el mundo en Dios y desde Dios, deseando vivir según el Espíritu de Dios que habita en él.

La existencia del cristiano es una existencia espiritual; es decir, una vida animada y guiada por el Espíritu hacia la santidad o la perfección de la caridad.

> «Cuantos se dejan llevar por el Espíritu de Dios, esos son hijos de Dios». (Rom 8,14)

> «Si vivimos por el Espíritu, marchemos tras el Espíritu». (Gál 5,25)

Por tanto, una existencia espiritual es algo muy distinto a una existencia pasiva, despersonalizante o a vivir renunciando a la libertad. Se trata más bien de una existencia marcada por los verbos **caminar y dejarse guiar**, cuyo sentido es tremendamente activo. Para el cristiano, el Espíritu es el principio de acción y lucha contra lo que:

Intenta separarle de su condición de hijo.	Le impide amar y servir a Dios.

Todo ello significa que la vida cristiana no puede entenderse sino como una vida espiritual, como una vida en relación personal con Cristo, como **un diálogo y un camino con Él.**

Investigación y Reflexión OUT

9 Profundiza en el significado de lo que es ser cristiano. Lee los siguientes textos y busca en ellos las características del cristiano.

- Gál 4,6-7
- 1 Cor 3,16
- Ef 2,19-22

3.2 EL ESPÍRITU SANTO, PRESENCIA SANTIFICADORA

Si la vida cristiana está marcada por la incorporación a Cristo por el bautismo y tiene el sello del Espíritu Santo, ¿qué tiene de extraño o de especial que sea una llamada a ser como Cristo y, por tanto, a ser santos como Él? Jesús nos dice:

> «Sed perfectos, como vuestro Padre celestial es perfecto». (Mt 5,48)

La vida cristiana es una vida que está llamada a la plenitud, a la santidad. Jesús mismo, en su palabra y en su vida, va indicando el camino para alcanzar la santidad. San Pablo recuerda a los cristianos de Corinto que es la caridad la mayor de las virtudes (1 Cor 13,13).

Estamos llamados a vivir y llevar a término nuestra vocación con la ayuda del Espíritu, que guía nuestras vidas hasta la transformación total; permanece en nosotros y nos conduce a obrar según Dios; nos hace libres porque nos lleva a salir de cualquier cerrazón egoísta abriéndonos a la **caridad fraterna.**

Gracias al don del Espíritu Santo, la relación con Dios hace que el bautizado se comprenda de un modo nuevo, tanto a sí mismo como a la humanidad y al mundo. Este **camino de santidad** no es un camino para héroes voluntariosos, sino para aquellos que están abiertos a la gracia salvadora de Jesucristo. Actúa de manera especial a través de los sacramentos, instituidos por Él para comunicarnos su vida y su amor.

#enseñanzadelaiglesia

> La vida según el Espíritu, cuyo fruto es la santificación (Rom 6,22; Gál 5,22), suscita y exige de todos y de cada uno de los bautizados *el seguimiento y la imitación de Jesucristo*, en la recepción de sus Bienaventuranzas, en el escuchar y meditar la Palabra de Dios, en la participación consciente y activa en la vida litúrgica y sacramental de la Iglesia, en la oración individual, familiar y comunitaria, en el hambre y sed de justicia, en el llevar a la práctica el mandamiento del amor en todas las circunstancias de la vida y en el servicio a los hermanos, especialmente si se trata de los más pequeños, de los pobres y de los que sufren.
>
> Juan Pablo II
> *Christifideles Laici*, 16 (30 diciembre 1988)

Investigación y Reflexión OUT

10 La vida del cristiano es vivir la vida del Espíritu, es decir, vivir como hijos de Dios y hermanos de los demás. Lee Mt 5,20-40 y haz un decálogo en el que indiques en qué consiste esa forma de vivir y de actuar.

PRÁCTICA

08 EL ESPÍRITU SANTO EDIFICA CONTINUAMENTE LA IGLESIA

1 Inteligencias múltiples

Has llegado al final del recorrido. No es el final del viaje, sí el final de una etapa. Este viaje continuará, pero ahora es el momento de echar la vista atrás con esta paleta final del curso.

1 Inteligencia lingüístico-verbal (C)

- Escribe una carta a quien tú quieras en la que le cuentes cinco cosas que hayas aprendido en la asignatura de religión. No expongas solo datos, habla también de lo que has sentido, lo que te ha provocado la asignatura, para qué te ha servido... Escribe la carta de forma sincera y libre. ¿Te atreverías a leer esta carta en voz alta y compartirla con la clase?

2 Inteligencia lógico-matemática

- Las distintas disciplinas entran en diálogo con la religión a lo largo de los siglos. Repasa los *rincones interdisciplinares* de este libro y contesta.
  - a. ¿Qué disciplina te ha llamado más la atención?
  - b. ¿En qué disciplina te gustaría seguir profundizando para entender mejor la relación que guarda con la religión?

3 Inteligencia visual-espacial

- El lenguaje religioso es simbólico y hay que conocer el significado de los *símbolos* para no quedarnos en la superficie. Elige cuatro símbolos religiosos y reinventalos. Dibújalos con tu estilo y estética personal.

4 Inteligencia cinestésica-corporal (C)

- Es el momento de jugar. En grupos de cuatro escribid en papeles cinco escenas del pueblo de Israel y de Jesús que recordéis. En un recipiente meted todos los papeles de todos los grupos. Cada grupo saca un papel y tiene que interpretar la escena. El resto de la clase tendrá que adivinarla.

5 Inteligencia musical

- En este camino han sonado varias canciones y has trabajado con ellas. Si tuvieras que poner una banda sonora a este curso de religión, ¿cuál sería? Justifica tu elección.

6 Inteligencia naturalista

- Todo lo creado esconde un mensaje oculto que nos habla de Dios. En ocasiones, recurrimos a elementos de la naturaleza para simbolizar o explicar ideas profundas. ¿Qué relación simbólica encuentras entre el Espíritu Santo y el agua, el viento y el fuego?

7 Inteligencia intrapersonal (C)

- Vuelve a leer las *fortalezas personales* y contesta.
  - a. ¿En qué fortaleza crees que has crecido más en este curso?
  - b. ¿En cuál consideras que te queda camino por recorrer? No te rindas, no olvides que el viaje continúa.

8 Inteligencia interpersonal (C)

- En los *stories* de este libro has conocido a muchos personajes.
  - a. ¿Cuál te ha resultado más inspirador?
  - b. ¿Quién te ha sorprendido más? Argumenta tu respuesta.

2 Metacognición

9 Analizo y reflexiono sobre lo aprendido en esta unidad.

1. ¿Qué he hecho y qué he aprendido?
2. ¿Cómo lo he aprendido?
3. ¿Qué me ha resultado más fácil? ¿Y más difícil?
4. ¿Para qué me ha servido lo que he aprendido?
5. ¿En qué ocasiones voy a utilizar lo que he aprendido?

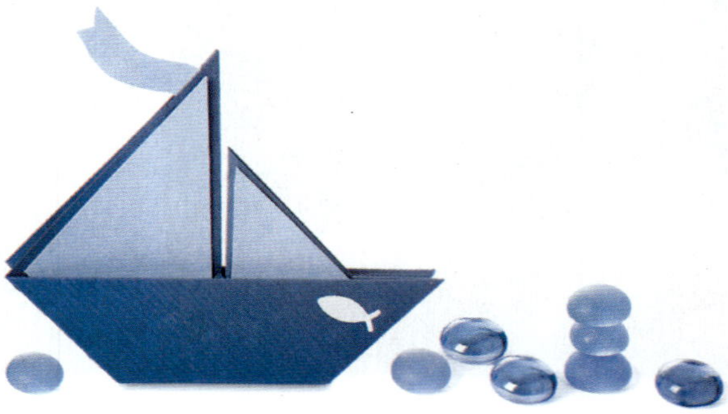

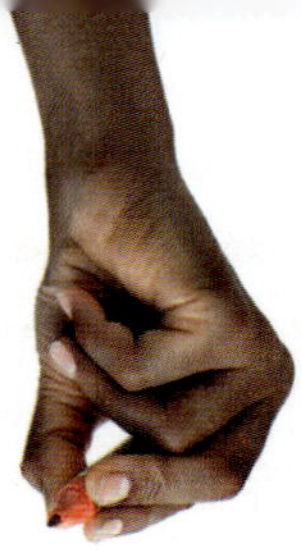

3 Resumen visual

EL ESPÍRITU SANTO ES LA VIDA DE LA IGLESIA QUE NO ENVEJECE NUNCA

Religión Católica 1º ESO inspira

ANDALUCÍA

PROYECTO EDITORIAL
Y DIRECCIÓN DE CONTENIDOS
Área de creación editorial / Fundación Edelvives

AUTORÍA
Antonio Ricardo Alonso Amez
Sergio Calleja Muñoz
Ana Isabel Gómez Villalba
Luis Alfonso Ruiz Hurtado
Carlos Sánchez Camacho

EDICIÓN
Área de creación editorial / Fundación Edelvives

PROYECTO VISUAL
Y DIRECCIÓN DE ARTE
Departamento de Imagen y Diseño GE

DISEÑO GRÁFICO DEL PROYECTO
Departamento de Imagen y Diseño GE

ILUSTRACIÓN DE MOTIVADORAS
by @muxotepotolobat

ILUSTRACIÓN RESUMEN
Blanca Vielva Gómez

FOTOGRAFÍA
Istockphoto, Age Fotostock, Cordon Press,
Getty images, Prisma, Album

COORDINACIÓN DE PRODUCCIÓN
Y MAQUETACIÓN
Área de Producción Editorial GE

MAQUETACIÓN
Gráficas 4, S.A.

IMPRESIÓN
Edelvives Talleres Gráficos. Certificado ISO 9001
Impreso en Zaragoza, España

Código: 172143
ISBN: 978-84-140-2957-2
Depósito legal: Z 633-2020

Los espacios incluidos son meramente indicativos y su finalidad es didáctica.

Todas las actividades contenidas en este libro han de realizarse en un cuaderno aparte.

El grupo Editorial Edelvives agradece la colaboración a:

Organizaciones: Manos Unidas y Cáritas